Rolf Friedrich Schuett

Neider und Hasser ersetzen oft die beste Selbsterkenntnis

Realismus macht Realität überflüssig

FSC
www.fsc.org
MIX
Papier aus ver-
antwortungsvollen
Quellen
Paper from
responsible sources
FSC® C105338

Rolf Friedrich Schuett

Neider und Hasser ersetzen oft die beste Selbsterkenntnis

Realismus macht Realität überflüssig

Bibliographische Information Der Deutschen Bibliothek:
Die Deutsche Bibliothek verzeichnet diese Publikation in
der Deutschen Nationalbibliographie; detaillierte bibliographische Daten sind im Internet abrufbar über
http://dnb.ddb.de

Zweite und erweiterte Auflage

Herstellung und Verlag :

BoD – Books on Demand, Norderstedt

Printed in Germany

ISBN 978-3-7481-1683-7

INHALT

Für meine Familie

Für meine Familie

Sexy in the pity

Ein EStete behahndellt d'ich, like a piß off Schock-lit,Doris. Deine AuGen gliedzern fiebprick, undich fernarschdich mit fRäude, es gliedscht & prickgellt schlüpferiech und schn'auf'end, du sch'we/ätzt und sp'reizt und sch'wühlst bei Nackt&Nabelle, sehr cock-cat, wie du b'leibst und k'lebst. – Fahr,Gina! FuckinAahh mit WahnNille, Nearwahnahhh, schau-riech buschwarz, MarmelAde, das absolUte Mini-Mumm und kleb-rieches Speermamaahh & SperrMa-ter´ialisMus, sch'reite aus, und wElch ein KittZell, ohh Sehnensucht!

Schaufell, Aff'roh'dizzy'ahh'kumm! TranceFestitt, and pen is penis. Well, wet under ground mit Scham-Po & Pollytour, du Eideckse mit dem po'ethischen Geschlächtsorkann, ah, er'presse, best'ich&bett'rüge! Hasst du mich noch lieb und die UnsSucht und das hairliege GRund-Zen, du Lotter'ie? Les(s)Bos(s)? Du pißt ei'ne glansvolle und b'lend'ende Ergeldscheinung, du mannisch-depp'press-schiefes Zück'klo'tüm!

Als Kind hattich den Ass'thron'au'Tic und woll'te LokusmotiefVerführer wer'den o!der SoßziehAalList: Heu'te beuge ich PollyGammler mich der Parkbank-notenwendigkeit, dem Ritt-uhh-Aal der FrustRation und der Es'kam'o-Tage. RittMus orGasMusicunTaten am ZuSamenhängebusen der Nattour, Youbelle & AssKäse au'f dem Fuckihrbett.

FrüHerr Ohn'Annie on any und jet'zt Gans leckahl und in'die'Vieh'du'Aal. Krieg ich Inge'nie'um, wennich MitTier inTeam bin? Sie'st ei'n MoLoch mit viehl ESsprit und Übel-Ich und nietlieg eingefickelt in Geschenkelpapp'ihr, mit obsschönem Großod(eur) und ei'ner Ackselleriephallte voll Desotteranz.

Ich bin HättErophil(ist)er, viel isst er, und homo'phil(o'soFisch)er FoetTischißt mit VersTopFunk, ich sitze in deinem Satt'elle, n'ur 1min'Ute im Fr-Auenzimmer, du Mietmensch und curlGörl welt'st d'ich im kosbaren Untermieder proustend voll Into-SieAssMus, überschwengelieg und langSam zuckgLeich, Mad'ame!

Wenn'de Wände scheu'erst und hemm-erst und sch'raubst m'ich auf unserm DOPellBett, da'nn schrei'b und sch'reib: ES k'lappt mit k'Euch! PerVers! Gellechter im Dungell, wie du spr'öde sp'ringst und zot(t)ellst, k'narrst & st'rammpellst mich mit deiner SpRache. Da's rundZelt s'ich & sch'will't & sch'wild. Dig it,Aal: komm,Puter! Pa'tree'arschAale HierAr-schiihh! Wull,wa? Wag i nah? Will i, Willi?

Für meinen LiebLingam hatse den Vulvgang d'och immervoll SpEichel, und iiich ge(hei)rate ins Hinterntreffen mit meiner Cunnst & WisentSchafft und Schiet'so'free'nie, ich AmTierEnder PunZenB(e)-renner. Wir knut'schen und rutschen(keln), und du wir'st gebührstet, und iii-ch in deiner GeWald und GansBrutAal in deiner offertigen Schaffottse ...

8

Ich bin auf- und du pißt angerichtet, abgeriechtet, iiiich liebkoste vom FlEi'sch, ich Bett'ler in dEi'ner Bückse, du zackhafte Heckse! MACH 1 mit mir: Au'FF'wund nie'der! HiNein, Herr'ein und FRau's, Herr'au'f und Fraunter: Das'iss das ottomanische Glühck mit Glans und Gloria und gLanz und Ellende. li'ch bewund(er)e deine herrliege Fickuhr, und wir t'reiben ES willd.

Kos'spieliege Säck'suhl'aahh'lit'tete, ohrAal und ziemlieg e(rot)Tisch ... Ich bi'n ein speckkuhlahhtiefer Viel´o´soff und happ n'och Schuldern bei dir; du echtst und sthöhnst und strümpfst die sDirn und pfeilschst um deine Rittze und spAlte vor meinem SkiZoo-Phrenulumpennies, und allES intraVenus in den AffTerre, After'nun o'der mitNeid.

Du cunnst mich beschinken auf fetternden Kiss'en. W'immer, massEve FrEiFrAU, ich strEichel dein Halts, deine Hüpfte, dein toll'leeranzes Geface, du BLack Büx mitt In- und Houtputz, ES sprit'zt & esp'ritzt, wehNuß, mitt der PoMade auf´m Mons wenn'er'riß: Reh'wollte & Rehwollustion! Macht Or-Gas'Mus ... auseinander, ihr KastRationalisten: Cherchez la feminisme, la femme fatalisme et la femmille, du Stern im Du-stern. Amor-Aal?_?! Meine Fresse, zum Fressen lieb?

Er'st kommt das Fressen,
dann die Mm-oral des Fressens!

Ich bin n'och juck'endl'ich und kau'm färb'raucht,
bin masskuhl´in kommpackt. Willst mir Ei'nenn bla-
blasen und runderhole'n? ToiTäuFell Satt'an-ass, du
Non'nee pißt Mund'er und testiculierst, Abusus mit
dem Abyssus.

Wie Es sch'merzt! HerrStellung & PferdTrieb von
PoRR-no Gravidität, äh'leckThronNische Gepfühle
und Nix' nur g'rauhe Deorie! Ich berückensiechtige
au'ch deinen Asspeckt, wir liegen bei Samen ------
seelieg k'rank mit sch'wachen gLiedern. Mittel-
Ständl'er und Bursch´war´sie : Look,sus!

Comeback? Geh weg!

Nach dem Tod kommt auf Erden der gute Sänger, Entertainer, Dichter, Denker oder Forscher selten zurück, sondern nur im Himmel der gute Mensch, heißt es. Kulturelles oder politisches Comeback ist zumeist eine schwächliche Wiedergeburt (Renaissance), die das endgültige Vergessen aufhalten will und dadurch gerade eher beschleunigt. Oft ist ein Comeback auch von vornherein unerwünscht, denn wer will schon einen ehemaligen Priesterzögling wie Stalin oder einen armen Bauern wie Mao-tse-Dong zurück? Ein „triumphales" Comeback ist oft nur eine späte und künstliche Scheinblüte, die das schlussendliche Verwelken schon einläutet. „Wiedergänger" sind aufgeschminkte Untote, denen man ihr Ableben gutgemeint gnädig noch vorenthalten hat.

„They never come back."

Was haben Muhammed Ali, Michael Schumacher, Jonny Cash oder auch Britney Spears das "strahlende Comeback" genützt? Das Comeback wird in der Regel den Popstars und kurzlebigen Modestilen vorbehalten, deren Ruhmeserfolg in Wellen kommt und geht. Jeder totgenudelte Kulturtrend erzeugt irgendwann Überdruss und holt seinen längst überwundenen Gegenpart irgendwann wieder aus der Mottenkiste hervor; die wiederverwendbaren Extreme treiben einander immer wieder gern renoviert hervor, stets ein

wenig zeitgemäß modernisiert und aufgehübscht natürlich.

Auch Kultur mit ihren „knappen Sinnressourcen"
(Habermas) treibt pragmatisches Recycling ihrer un-
verwüstlichsten Grundbestände. Ein Comeback mit
wirklich revolutionären Innovationen war ja immer
nur eine Rarität. Der **Neoliberalismus** etwa bedeutet
kein Comeback der alten Wertliberalen, sondern eine
reaktionärste Form illiberaler und sozialstaatsderegu-
lierter Unternehmerideologie.

Der moderne **Neopaganismus** will das Christentum überwunden haben, hinter das er per Aufklä-
rungsmythen aber nur unvermerkt zurückfällt – nicht
etwa voll überschäumender heidnischer Lebenslust,
sondern so tief pessimistisch schlaff, dass die Lebensfreude seinen Jüngern ständig massenmedial einge-
peitscht werden muss (während sie im Mittelalter
gezügelt werden musste, um nicht selbstmörderisch zu
wirken).

Hat um 1900 der **Neoklassizismus** mit seiner ju-
gendstil-allergischen Sachlichkeit den Klassizismus
des 18. Jhts. wiederbelebt, der selbst nur ein barockes
Pseudo-Comeback der griechisch-römischen Klassik
war, oder die Moderne eingeleitet mit rechtwinkligen
Symmetrien und schwertektonischen Säulengängen?
Und hat der akademische Neoklassizismus des frü-
hen Picasso erst den mathematischen Kubismus in der
von aller praktischen Verwendbarkeit abstrahierenden
Malerei ermöglicht oder nur die hippe Werbegraphik
gesellschaftsfähig machen können?

„Marketing Revival": Profitversprechende Wieder-
belebung einer Kulturleiche in das mediale En-suite-
Theater. Aber auch die Hochkultur kennt die Come-
back-Gesetze der Popindustrie und Trivialkunst.

Nach den verheerenden beiden Weltkriegen genoss
z. B. der neoscholastische Neuthomismus eine kurze
Scheinblüte in „abendländischen" Klostergärten des
gründlich desillusionierten Bildungsbürgers. Christen
gingen hinter Kants „kopernikanische Wende" zurück
auf die vortranszendentale Transzendenzphilosophie
des katholischen Hausdenkers Thomas von Aquin.
Seit der Mitte des 19. Jhts. wird das Gottesgesetz re-
stauriert, z. B. bei Papst Leo XIII. in seiner Enzyklika
von 1879. Besonders das alte agrarfeudale Frankreich
hat dem heiligen Thomas bei Maréchal, Maritain und
Gilson ein Comeback-Stage verschafft, aber auch der
berühmteste katholische Neuzeittheologe Karl Rahner
hat ihn, anthropologisch rückfundiert, in die Retro-
Inszenierung aufgenommen, um Aufklärungsatheis-
mus und Romantik, historisch-kritische Bibelexegese
und Neuzeitmaterialismus zu konterkarieren, natürlich
auch gebraucht contra Kants „Aufkläricht", Hegels
Preußenidealismus und marxistischen Sozialismus.

Gegen Empirismus, naturwissenschaftlichen Mate-
rialismus und Schopenhauers Pessimismus wurde
benötigt ein „Zurück zu Kant!". „Also muss auf Kant
zurückgegangen werden", forderte Liebmann 1865 in
seiner Kampfschrift „Kant und seine Epigonen". Neu-
kantianer wie J. Fries missverstanden allerdings das
Transzendentale als bloß Psychologisches, und Kuno

Fischer wollte Kants und Fichtes Idealismus verbinden, obwohl Fichte seinen Vorgänger Kant doch einen „Dreiviertelkopf" und Kant den Freiheitssubjektivismus Fichtes eine „völlig haltlose" Gespensterphilosophie geschimpft hatte.

Einflussreicher wurden für einige Jahrzehnte, bis die Lebens- und Existenzphilosophen revoltierten, der Neukantianismus der **Marburger Schule** (Hermann Cohen mit seinem einseitig mathematisch-naturwissenschaftlichen ÜberKant-Logizismus-ohne-Ding-an-sich wie auch Ernst Cassirer mit seiner Sprachphilosophie der symbolischen Formen – die Luhmanns soziale Subsysteme vorwegnahmen) und die **Badener (Südwestdeutsche) Schule** um Heinrich Rickert, der die Wahrheit erkenntnistheoretisch als absoluten Wert etablierte, und Wilhelm Windelband, der „idiographische" Geisteswissenschaften strikt von „nomothetischen" Naturwissenschaften abgrenzte und damit die bis heute anerkannten unvereinbaren „Zwei Kulturen" (Snow) schuf.

Kants Vernunftkultur der Aufklärung war manchem aber nicht genug. Bei Hegel ist der aufklärende französische Verstand durch spekulative Vernunft des deutschen Idealismus dialektisch zu überhöhen. Eine bloße Phänomenologie des Geistreichen reiche nicht aus. Laut Neuhegelianern müssen die Geisteswissenschaftler Kants naturwissenschaftlichen Positivismus durch idealistische Rekonstruktion der europäischen Metaphysik ergänzend korrigieren : Hegels Comeback war fällig, als die empirischen Wissenschaften die

Welt technologisch zu überwuchern drohten. Als man ihm nachwies, seine Naturphilosophie widerstreite den naturwissenschaftlichen Fakten, dekretierte Friedrich Hegel : „Umso schlimmer für die Tatsachen."

Das forcierte Comeback eines hochkulturellen Geistesführers tut ihm und seinem Werk in der Regel keinen Gefallen, sondern ist nur eine Form seines aufgeschobenen Abdankens. Neukantianismus und Neuhegelianismus haben Kant und Hegel nicht besser aus sich selbst, sondern einseitiger von heutigen Bedürfnissen aus verstehen lassen. Der Neoliberalismus ist der schlimmere Liberalismus, und der entchristianisierte Neopaganismus bringt nicht das Urwissen der Naturvölker zurück. Das beste Buch über den Aquinaten und doctor angelicus ist immer noch "Der stumme Ochse" von Pater-Brown-Erfinder Gilbert Chesterton, der kein Comeback-Scholastiker war, sondern einfach nur ein orthodoxer Katholik und den "Common man" gegen die feudalen Eliten des Zeitgeistes verteidigte, als "Raufbold Gottes".

Jede Faustregel hat ihre Ausnahmen, von denen sie sich bestätigen lässt. Der US-amerikanische Autor John Williams schrieb 1965 einen damals freundlich begrüßten, doch wenig beachteten Campus-Roman. Vor wenigen Jahren grub ein Journalist die graue Maus aus, und seit diesem Comeback genießt dieser "Stoner" über einen unscheinbaren, doch integren Literaturprofessor geradezu "Kultstatus".

Entwöhnbare Gewohnheitstiere?

Gewöhnliche Sterbliche wohnen
in ihren Gewohnheiten.

Der englische Empirist David Hume hielt nicht nur
den Menschen für ein Gewohnheitstier, sondern auch
die Kausalität in der Welt für bloße Gewohnheit.

Das Kind schreit, wenn es geschlagen wird.

Schreit es, **weil** es geschlagen wurde, oder immer
wieder, **nachdem** es geschlagen wird? Wir neigen
dazu, die gewohnt wiederholte zeitliche Aufeinander-
folge zweier Ereignisse für kausale Auseinanderfolge
einer Wirkung aus einer Ursache (oder sogar teleo-
logischen Erfolg) zu halten, wenn nicht am Ende für
die logische Implikation : Folgerung eines Schlusses
aus seinen Prämissen. Kant fand für die Verstandes-
kategorie der Kausalität bekanntlich eine andere und
bis heute umstrittene Lösung.

Der englische Journalist und von mir verehrte katholische Schriftsteller Gilbert K. Chesterton (1874 -
1936) erfand nicht nur die unscheinbare Figur des in
fünfzig Erzählungen gewohnheitsmäßig erfolgreich
kriminalisierenden Father Brown, sondern interpre-
tierte auch die Naturgesetze des Universums als die
bloßen Gewohnheiten seines Schöpfers, Gewohnheiten, die Er natürlich auch eines Tages ablegen oder
jederzeit durch andere ersetzen könnte. Und die moralischen Sittengesetze sind dann nur praktische Konse-

quenzen aus diesen Gewohnheiten des Pankreators. Selbst moderne Kosmologen sind sich ja nicht sicher, ob die Naturgesetze des Alls im Laufe der letzten 14 Jahrmilliarden nicht vielleicht eine Evolution durchgemacht haben. Ist sogar der Schöpfer des Multiversums eine Art von entwöhnungsfähigem "Gewohnheitstier" wie sein mutmaßliches Ebenbild?

Die Pädagogik hat immer ebenso gewarnt vor überverwöhnten, verzärtelten und verhätschelten wie vor allzu (str)eng und kurz gehaltenen Kindern, aber die Tugend als goldene Mitte zwischen zwei Lastern gerät stets recht mittelmäßig. Einer Zeit, die schrankenlose Wendigkeit und ewig jugendliche (Ver-)Lernbereitschaft propagiert und andressiert, um den Anforderungen eines sich beschleunigenden technisch-organisatorischen Fortschritts zu genügen, ist als retardierendes Korrektiv eher der entwöhnungsunwilligste Gewohnheitskult zu empfehlen.

Natürlich bleibt freier der an Bedürfnislosigkeit als an Luxusbedürfnisse Gewöhnte. Verwöhnender Überfluss an Überflüssigem macht eher suchtkrank. Ein Absetzen gewohnter Massenmedienkost z.B. generiert heute lebensgefährliche Entzugserscheinungen. Auf seiner lernunwillig kommoden Bequemlichkeit zu beharren, ist aber auch ein legitimer Akt des Widerstands und der wirksamen Revolte gegen den grassierenden sozialen Überanpassungsterror. Ohne Flucht in Sucht ist das gleichzeitig überfordernde und todlangweilige moderne Leben in Hochleistungsgesellschaften kaum erträglich, ohne unvermerkt geisteskrank zu machen – was dann als lebenstüchtig gesunder Menschenverstand gilt. Also Schluss mit "Fortschritt"!

Stereotype Gewohnheiten entlasten von permanentem Entscheidungsdruckstress.
Freie Sehnsucht nach bequemsten Gewohnheiten gebrandmarkt als tyrannische Sucht?

"Die beste Wärterin der Natur ist Ruhe".
(William Shakespeare)
"Ruhe ist das erste Bürgerrecht. " (Johannes Gross)

Der zeitlebens melancholische Nobelpreisträger Samuel Beckett hielt Dauergewohnheiten für hochwirksame Antidepressiva und empfahl sie allen habituellen und suizidalen Griesgramen als bestes Psychotherapeutikum mit geringsten Nebenwirkungen.

Im vorgerückten Lebensalter verfestigen sich alte liebgewonnene Gewohnheiten leicht zum gefürchteten Altersstarrsinn, der aber auch seine guten Seiten hat. Seine bewährten Gewohnheiten sollte man sich nicht abgewöhnen lassen, und jedem Zeitgeist, der das ideologisch rechtfertigt, mit gut begründetem Argwohn begegnen.

Der Kampf gegen "erstarrte" Gewohnheiten sucht nur unsere unbegrenzte Anpassungsbereitschaft an die Hakenschläge des kranken Zeitgeists zu animieren.

Ein Maulwurf in einem Büro

Die Lektüre meines Buches kann ich mir nicht verleiden, indem ich zuerst den Schluss lese. Dass es weder happy end hat noch böse ausgeht, macht es nicht realistischer. Entgegen dem Argwohn mancher Besucher habe ich mehr Bücher gelesen, als in meiner Bibliothek stehen. Jedes Schicksal hat seine eigenen Bücher. Beim Lesen esse ich halbtrockenen Nasenschleim, was einem Schrei nach Liebe ja gleichkommt. Der Einsame, der sich einen Ruck gibt, wird verrückt. Seit sie von Genies nicht mehr benutzt wird, demokratisiert man die Schizophrenie gern durch Verabreichung von Phenotiazinen, die selbst aus Hölderlin einen Mario Simmel gemacht hätten. Für eine Novität auf dem Gebiet der Demenzen hat die Universitätsklinik M. einen Preis von 10.000 € ausgelobt. Da drüben geht Emanuel Cunt spazieren. Die Leute stellen ihre synthetischen Uhrteile nach ihm. Immer wenn er am Dom vorbeikommt, ist es 8.30 Uhr. Hei, da kommt ja der Filosof mit der schiefen Schulter schon angeschossen und lacht sich einen Ast. Heute stellt er uns die Frage: Warum ist überhaupt etwas, was es nicht gibt, und nicht vielmehr überall etwas? Einer von uns gibt zu bedenken : Warum ist überhaupt etwas und nicht vielmehr barhaupt? Die Weisheit ist wie ein Jahresring an einem kerllangen Baum : Tiefe ist auch nur eine ehemalige Oberflächlichkeit. Die fast einzige Rechtfertigung für die Welt besteht darin, dass es sie wohl auch gäbe, selbst wenn niemand das wünschte. Das ist so unsere feine Art,

Heiterkeit auch dort zu verbreiten, wo Geld und nacktes Elend mal aufeinandertreffen.

Das soll aber nun beigeiste nicht heißen, dass ich ein Kontragramm hätte: ich käsel mich so durch. Warum sollte ich auch mein Licht nicht über den Scheffel stellen? Wem hat es denn schon geholfen, sich in die Hintergründigkeit zu spielen, wo es um unser aller Zugrundegänglichkeit geht, letztlich. Und hast Du dann noch so viel Heißhunger auf Womanchesterkäse, ja, so richtige Schlaraffgier, weißt Du, es hilft nichts, Du bleibst ein Paria und kommst ins Pariadies und wir anderen ins Orthodeis. Selig sind die Sanftmütigen, denn sie haben eine Glatze auf den Zähnen. Natürlich fliegen auch mir nicht alle Herzen zu. Einige werden in den Nahen Osten entführt. Hoch lebe der Tod. Aber so hoch, dass ich nicht drankomme. Der Infarkt ist zwar nur eine kleine Aufmerksamkeit, kommt aber von Herzen.

Heutzutage denken unsere Babys erst bei der Abnabelung daran, wie sie mit dem Ödipuskomplex fertig werden sollen. Aber die prä-uterine Erziehung steckt noch in den Kinderschuhen, die nie zu klein werden. Wer bringt es auch heute noch fertig, sich die Augen auszureißen, nur weil er seine Mutter beschlafen hat. Lieber lassen wir das ganze Weib verderben. Wir är-gern uns nicht gern. Wenn wir die *Neger* nicht erfunden hätten, hätten sie sich dennoch ergeben. Böse Menschen schlafen nicht, sie haben ja keine Lider. – Was, glaubst Du wohl, denkt Deine Frau, wie Du auf die Frage geantwortet hast: Würden Sie für sie stehlen? Pferde natürlich. Aber für sie, nicht mit ihr.

Es heißt, Privateigentümlichkeiten würden abgeschafft. Ich bin anders als Du, Du bist anders als ich, also bin ich anders als ich selbst, also bin ich vielleicht Du. Es hagelt Heiratschläge.

Die Mieten für soziale Gewohnheiten steigen, aus Wohnungen machen wir sau-bere Cleaniken. Ich arbeite dafür im Schweiße meiner guten Miene zum bösen Spiel. Mit dem Sein ist heute nicht zu spaßen, obwohl es auch nur ein schön zukastrierter französischer Fluss ist, an dem die Hauptstadt des 19ten Jahrhunderts liegt. In Paris gibt es keine Statue ohne Getue. Jede beliebig kleine Wahrscheinlichkeit dafür, nach dem Tode in eine unendlich qualvolle Hölle geworfen zu werden, soll immer noch groß genug sein, nicht auf die Nichtexistenz des Teufels zu setzen? Gute Ärzte muss der da unten haben, die einen für die nächste Tortour immer wieder zusammenflicken. Nur Sauerbruchs werden dort eingestellt, freigestellt vom Bratrost. Sensible Sünder, die sich dauernd in Ohnmächte flüchten, erhalten Spritzen. –

Die Hölle bei Sartre ist eigentlich ganz erträglich dagegen. Aber was soll es, der Glaube versetzt Berge im Pfandhaus. – Es gibt keine schwarzen Schimmel, aber auch keine sozialistischen Weltgesellschaften. Nur die Weltmeisterschaften. Deshalb muss aber keiner verzweifeln. Warum denn gleich ins Wasser gehen, greife lieber zum Zigarettungsring : Menagieren's sich, bittschön, nit so echauffieren! Meine Suppe esse ich immer noch nicht. Also auch hier: keine Sonne über den Neuigkeiten. Ausfallerscheinungen beweisen auch nicht mehr, dass wir mal in Ordnung waren. Alles Viskose-

worte und Sirupfalle. Wir wollen den Frieden auf
Erden, die Studenten auch. Aber wir wollen ihn
nach langem Hin & : Her, nach viel, viel Und so fort
schritt. Die wollen ihn gleich, hic Eden hic salta,
prägenital, oknophil, oraldepressiv gegen moral-
repressiv. Zwischen ziehenden Zielen und schub-
senden Trieben endlich am Ende sein dürfen, hier
stehe ich, ich kann auch anders.

Nur wer im Mangel lebt, kommt durch die Man-
gel. Entsichern Sie bitte die Augen, jetzt kommt
es. Ich esse meine Suppe wieder. Nach der Väter
Art. Was bewahrt ist, muss doch wirr-wahr blei-
ben. Der Rest kommt in Sicherheitsgewahrsam.
Da gehen wir dann alle im Kreise. Um ihn zu be-
rechnen, ohne die Zahl pi zu benutzen. Dieser
Maulwurf ist eine Kreatur meiner Kreativität, die
nicht im unbewussten Erdreich buddelt.
Dieser Maulwurf ist Hinz und Kunst.
Das kann jedes Kind.
Dass das das darf!

Lichter Label des Lebens

Geht erst der liebe Nebel weg,
bleibt klarer Tod und Lebensdreck.

"Leben", von rückwärts gelesen,
war immer nur "Nebel" gewesen,
alles in allem genommen:
Riesig diesig verschwommen.

Nebelwerfer allerorten
mit Taten und mit Worten.
Im Nebel wird das Leben gleich
milder, leichter, butterweich.

Der Fog der Industrie heißt Smog,
ein Choc für Chef und Underdog,
für Mensch in Hose oder Rock.
Doch für dichten Lebensnebel
hab´ ich lichten Sinn und Faible.

Im Nebel verschwinden die Säbel
der Schlacht- und Ackerfeldwebel.
Seit Babel, Bibel, Bebel : Nebel
ist der Lebenslastenhebel.

Kurieren und / oder Kassieren?

„Halbgott in Weiß" oder
jeder sein eigener Kurpfuscher

"An apple a day keeps the doctor away."
Obst, Gemüse und Bewegung machen jeden Modearzt
zum Hungerdoktor.

Im Kapitalismus wäre es Heuchelei, einem Mediziner sein profitstrebendes Eminenz-Gehalt vorzuhalten. Schließlich ist der Kapitalismus die bisher effektivste aller ausprobierten Wirtschaftsformen, und diabolisch effektiv ist er nur, wo er unplanmäßig von Krise zu Krise stolpern darf.

Krankhaft ist es nicht, wenn ein Chirurg sich eine goldene Nase verdienen will, sondern wenn er beim Operieren keine goldenen Hände hat, sondern zwei linke. Liegt der Dermatologe auf der faulen Haut, und geht der Augenarzt ins Auge, wenn der HNO-Arzt mir den Hals bricht, kein Ohr leiht und sich doch eine goldene Nase verdient, wenn Nervenärzte halbgeheilte Irre sind, die ihren Opfern nur auf die Nerven gehen, wenn unfähige Zahnärzte mit Mundraubtiergebiss zu viel zu beißen haben, herzbrechende Kardiologen kein Herz für ihre Kundenkönige haben, Nephrologen uns an die Nieren gehen oder Proktologen goldadergierig in den Arsch kriechen, wenn Orthopäden uns nur das Rückgrat brechen, wird der fahrlässige Äskulapstab zur straflosen Mörderkeule.

Die modernste Durchökonomisierung des gesellschaftlichen Heilsektors ist noch kein Unheil und eher eine Geisteskrankheit, aber eine Todkrankheit ist die todesangstbereitende Anzahl von schulmedizynischen Hilfsstümpern, welche die Universitätsfakultäten mit leichtsinniger Approbation verlassen, um auf hilflose Patienten ("Dulder") losgelassen zu werden und dann lebenslang genauso opulent abrechnen zu dürfen wie ausgewiesene Kenner und Könner. Dann wird die Approbation leichtfertig eine James-Bond-Lizenz zum strafbefreiten Töten des Kundenmaterials. Meine Magengrube darf ruhig zur Goldgrube des Arztes werden, wenn Dr. Sauerbruch meine ungestörte Verdauung wiederherstellen kann, statt mir nur auf den Magen zu schlagen.

"Compliance", vertrauensvolle Zusammenarbeit von Arzt und Patient, **primum nil nocere** ("Wenigstens niemals schaden!") im hippokratischen Eid oder nur Fallpauschalen, Leitlinienempfehlungen, seelenlose Fließband- und "Apparatemedizin ohne menschliche Zuwendung" etc.?

Jeder Arzt, heißt es, habe Angst, selber zum Arzt zu gehen : Er kennt sich und seine Kollegen.

Werden ohne alle evidenzmedizinisch zwingenden Gründe zu viele Patienten profitabel operiert, deren Leiden durch "konservative" Kurativbehandlungen kostenschonender und effektiver zugleich zu lindern wären? War der lebensbegleitende klapperalte Hausarzt von Anno dunnemal heilsamer, der seinen Patienten nur dadurch helfen konnte, dass er ihnen tröstend aber eigenhändig die Augen zeitig zudrückte?

Anton Tschechow verdiente sein Geld nicht als Arzt, um Feierabends seine heute weltberühmten Erzählungen zu schreiben, sondern verfasste sehr erfolgreiche Theaterstücke, um in seiner Freizeit arme Unterschichtpatienten und Straflagerhäftlinge kostenlos ehrenamtlich behandeln zu können (z. B. in der berüchtigten *Katorga* auf der Strafinsel Sachalin).

Auch der antisemitische Schriftsteller, literarische Krakeeler und selber von heller Todesangst getriebene "Wortkotzer" *Ferdinand Céline* ("Bagatelles pour un massacre", 1937) war hauptberuflich ein freiwilliger Armenarzt und karg besoldeter Seuchenmediziner gewesen : "Tod auf Kredit" (1936).

Sogar "Ärzte ohne Grenzen" soll es geben und andere medizinische Idealisten, die Obdachlose in den "Inneren Missionen" auch ohne Krankenscheine und Visitenhonorare kompetent behandeln.

Die international beachtete Hochleistungs- und Spitzenmedizin, die in den Medien sich so gern feiern lässt, kommt nur reichen Privatpatienten zugute auf Kosten der fahrlässig vernachlässigten breiten Volksmedizin, wo Patienten – doppelt arm dran – sich generell begnügen müssen mit den billigen Generica der abgelaufensten Fortschrittsmedikamente von vorgestern, also in jedem Fall viel früher versterben. Das ist der Skandal der kranken Klassenmedizin in der Krankenkassenmedizin. Das Lebensgefährlichste dabei ist nicht nur das Herrschaftsverhältnis von Herrn Doktor und Knecht Patient, sondern auch das Machtgefälle zwischen beamteten Privatpatienten und gesetzlichen Kassenpatienten.

Eine durchgreifend grundstürzende Gesundheitsreform ist überfällig, was ja allen Unbeteiligten seit Jahrzehnten sonnenklar ist. Warum soll für Kassenpatienten das popelige Röntgenbild ausreichen, wo nur sein Ausbeuter in die neueste MRT-Röhre verschoben werden darf? Discounter-Schnapsflasche statt (aben)teure Chemo-Anästhesie, und für arme Sozialschwächlinge sollen nur die Selbstheilungskräfte von Mutter Natur zuständig sein? Als Sozialschrott Behandelte wie Geronten, Debile, Demente, Stadtstreicher, Erbgeschädigte, chronische Multiorganversager und andere Sozialstaatskrüppel proben den Aufstand: Warum denn den Organspenderausweis nicht einfach zur Goldenen Kreditkarte machen? Verspreche ich euch im Entnahmeernstfall (Hirntod) Herz und Nieren, garantiert ihr mir ab heute notariell eine lebenslange Spenderrente, ohne Auftragskiller (Hearthunter) auf mich anzusetzen, die mich schon morgen vor ein Auto stoßen! – Arme Ersatzteillieferanten sind dann kein behandlungsunwertes Leben mehr, sondern bieten auf allen Transplantationsbörsen gleichberechtigt mit : Schluss mit dem Abgrund heute zwischen den schönen Drittherz-Reichen und potthässlichem Kroppzeug am Krückstock! Die Titanhüften betuchter Multi-Bypassanten mit Chefarztanspruch auch für aspirinfressende Rollatorschieber-auf-Stütze und chronische Rollstuhlfahrer.

Der beste Arzt ist jener, den man nicht braucht oder konsultiert. Er selbst lässt den Blutdruck in lebensbedrohliche Höhe schießen, versteht sich aber als aufklärerisches Placebo überhaupt. Er wirkt wie die anthroposophischen Globuli, so homöopathisch verdünnt, dass kein einziges Wirkstoffatom mehr laborobjektiv nachweisbar ist, also wie ein Autosuggestivum in Weiß.

Die naturwissenschaftlich beschränkte Hochschulmedizin ist inzwischen jede Krankheit selbst, für deren Therapie sie sich hält (ohne dass alternative Natur-Quacksalberei und spirituelle Gesundbeterei durch "Geistheiler" nun viel vertrauenerweckender wären, sondern wohl nur die Kehrseite derselben Medaille.)

Ihr grobschlächtiges Basteln an Erbgut-Keimbahnen und Genomen wirkt wie ein Pressluftbohrer gegen hauchfeines Spinnengewebe. Dieser Medizinalbrutalismus wurde inzwischen nur inhuman und erschreckt seine menschlichen Zielscheiben zu Tode.

Ärztliche Kunst ist zielgebremster Sadismus, meinte Sigmund Freud, also sollte niemand praktizieren dürfen, der nicht zuvor auf Freuds Couch gezerrt wurde und eine psychotherapeutische Zusatzausbildung absolviert hat, um ein halbwegs vernünftiges Arzt-Patienten-Gespräch führen und eine diagnostisch leidlich brauchbare leiblich-seelisch-geistige "Anamnese" erheben zu lernen. Der Waldundwiesenarzt misstraut meist zu Unrecht der duldungsstarren Kooperationsbereitschaft seiner Patienten, der Normopatient misstraut oft zu Recht der Heilkraft seines furchterregenden Dr. Mabuse ohne Hartz4-Kassenbrille, aber mit dritten Drittwelt-Nieren. Wie viele niedergelassene Ärzte sind nur qualifizierte Friedhoflieferanten?

Schulmedizin ist eine Reparaturwerkstatt zur Wiederherstellung von rentabler Arbeitskraft mit anschließend recycelbarer Schlussentsorgung.

Genesen und Verwesen:
Patienten pro Arzt, Arzt contra Patienten.

Leibliche und geistige Ekelnahrung
Junk-Culture und Trash-Meat

Fast Food ist kein Festmahl, sondern fast Essen, auf die Schnelle zubereitet und nicht langsamer gekaut, aus der Witwer- und Junggesellenküche : Also Spiegeleier mit Konservengemüse, Spaghetti mit Tomatenmark, Resteverwertungseintopf oder Obstquark vielleicht, Milchreis mit Zimt und Zucker, Pfannkuchen mit Apfelmus und Verwandtes. Ich bin weder Feinschmecker noch Kostverächter, und McDonald ist eine Oase US-amerikanischer Gastlichkeit inmitten von restaurantheimischer Hausmannskostmuffligkeit.

Einst waren Arme Hungerhaken, und Reiche hatten hochangesehenen Embonpoint. Habenichtse haben heutzutage Bierbäuche, Wohlhabende sind schlanktrainierte Sportstypen. Früher waren attraktive Damen eher rubensfüllig, heute hungern die Modelidole sich magersüchtig.

Der eigentliche Schnellfraß aber ist das Junk-Food oder Trashmeal vom Billigheimer, der auch den spottbilligst „trefen" Schweinedreck verhökert. Die berüchtigt bequemen Fertiggerichte voller Transfette, Zucker und suchterregender Appetizer aus der industriellen Hexenküche machen ihre Opfer fix und fertig, warnen Mediziner und profitieren davon zugleich. Gibt es Kooperationsverträge zwischen Ernährungsfabriken, Gesundheitsindustrie und Chemielaboren?

Schon glukosedicke Kleinkinder werden damit angefixt, die Dauerjunkies von morgen. Kurz, der Leser ahnt es : Mir fällt zum Thema nicht viel ein, das von anderen nicht schon oft und besser gesagt worden wäre. Der Mittelstand diniert, die Oberschicht ("Europas Edelfäule" : *G. Benn*) tafelt, und die Unterschicht geht bald zur Tafel.

Es gilt als barbarische Unsitte, beim Essen zu lesen oder beim Schmökern zu futtern, und ich huldige ihr, um keine Zeit mit Lebensnotwendigem zu verlieren. Leerer Bauch studiert nicht gern (volle Wampe erst recht nicht), aber es muss ja weder Chateaubriand noch Currywurst sein. Was nützt es, wenn ich Junk-Food auf dem Teller meide, doch mir auf dem Bildschirm reinziehe? Im „Lande der Bekloppten und Bescheuerten" (Dietmar Wischmeyer) kann kein Irrsinn ausgekocht werden, ohne auch schon gefressen zu werden, da juristisch Freigegebenes auch schon Pflichtübung und modisches Plansoll ist.

Eher noch stammt unsere leibliche Nahrung heute aus der Haute Cuisine als die geistige Nahrung aus der Hochkultur.

Der Zeitgenosse hat den sinnlichen Gaumengenuss auf Kosten der sinnreicheren Geistesfreuden outriert und mit intellektueller Selbstverblödung erkauft. Der abgeschmackteste Geschmackssinn wird da zum Sinn des Daseins. Der Modeideologe Markus Gabriel gibt sein philosophisches Mäntelchen dafür her, sogar das menschliche Alleinstellungsmerkmal des Denkvermögens nur als sechsten Sinn auf das Niveau von Glotzen, Gehorchen, Begrabbeln, Schnüffeln und Ablutschen herabzuwürdigen. Ich sehe dabei alle Philosophen von Platon bis Hegel in ihren Gräbern rotieren, und der selbstbewusste Gabriel lässt sich feiern als Überwinder (!) einer zweieinhalbtausendjährigen Grübelgeschichte Europas.

Ist der Mensch auch nur ein Untier, frisst und poppt er nur wie ein Affe, statt mal zu denken und zu dichten, zu malen und zu komponieren. Die neuzeitliche Popkultur, die dem Spießer nach dem Maul schaut und damit aufs Maul haut, ist geistiges Fast Food und Junk-Food zugleich, das Superfood des neuen Übermenschen, blitzschnell produziert und noch schneller konsumiert. Ex und hopp, man lutscht den Lolli und Ffftt, weg ist er wie nie gewesen. Nichts darf mehr Mühe kosten, Hegels „Anstrengung des Begriffs", wo uns erst einmal Hören und Sehen vergehen muss, bevor etwas zu erkennen ist, weicht dem kinderleichten Griff und dummdreistesten Übergriff. Bloßes Empfinde(l)n reicht da schon, um Wahres zu finden und Verschlimmbessertes zu erfinden. – Der Kopf verfettet bei Popgeklampfe und Trivialliteratur (Krimi, Science Fiction, Fantasy, Manga, Liebesschmonzetten etc.), bei Tiefkühlpizza, Eiscreme und Cheeseburger.

Der Schriftsteller Botho Strauss forderte einmal, die heutigen überverwöhnten Alten (ich füge auch die Jungen hinzu) jeder in ein Zimmer zu sperren und nicht eher herauszulassen, bis sie mit spitzem Bleistift

z. B. ein Werk von Max Scheler Zeile für Zeile mit
der Nase dicht am Text durchstudiert haben, ohne zu
ihrer faden und nur stopfenden Medienkost wegzu-
schleichen. Leider würde auch dieses pädagogisch
und philanthropisch wertvolle Projekt natürlich am
vielbeschworenen Freiheitsgefasel von vornherein
scheitern.

Gut ist, was mir gut tut und gefällt, und alles ist nur
Geschmackssache : Her mit dem kulturellen Junk-
Food, der uns ewig Unmündigen mundet!

MARQUIS DE VAUVENARGUES
(Luc de Clapier, 1715 - 1747)

Der menschliche Geist ist durchdringender als
folgerichtig und umfasst mehr, als er vereinigen kann.

Ist ein Gedanke zu schwach, um einen schlichten
Ausdruck zu ertragen, so soll er verworfen werden.

Es ist ein Zeichen von Mittelmäßigkeit,
nur mäßig zu loben.

Die Lasten des Krieges sind nicht so groß
wie die der Knechtschaft.

Knechtschaft erniedrigt den Menschen so weit,
dass er sie liebgewinnt.

Unvermeidliche Missbräuche sind Naturgesetze.

Wir haben kein Recht, die Menschen elend
zu machen, die wir nicht gut machen können.

Es ist etwas anderes, es der Tugend leicht zu machen,
um sie einzuführen, als ihr das Laster gleichzustellen,
um sie zu vernichten.

Niemand will seiner Irrtümer wegen bedauert werden.

Das Gefühl, nicht die Achtung eines Menschen
erwerben zu können, führt leicht dazu, ihn zu hassen.

Niemand ist härter als die Sanftmütigen
aus Berechnung.

Wir besitzen so wenig Tugend, dass es uns lächerlich
erscheint, den Ruhm zu lieben.

Es heißt Menschen zu beleidigen, wenn man sie lobt,
denn man zeigt dadurch die Grenzen ihres Verdiens-
tes; wenige sind bescheiden genug zu ertragen,
dass man sie richtig einschätzt.

Wer glaubt, auf andere nicht mehr angewiesen
zu sein, wird unerträglich.

Große Menschen unternehmen große Dinge,
weil sie groß sind, und die Narren,
weil sie sie für leicht halten.

Wer aus anderen keinen Vorteil ziehen kann,
ist meist selber wenig zugänglich.

Die meisten Menschen werden nutzlos für den,
der das Risiko, hintergangen zu werden,
nicht mehr auf sich nehmen will.

Es überrascht böse Menschen stets,
berechnende Schlauheit auch bei den Guten zu finden.

Wir entdecken in uns selbst, was die anderen
uns verbergen, und erkennen in anderen,
was wir vor uns selber verbergen.

Wir schmeicheln uns törichterweise, anderen einreden
zu können, was wir selber nicht glauben.

Selbst die besten Schriftsteller reden zu viel.

Große Gedanken kommen von Herzen.

Klarheit ist die Ehrlichkeit
und der Freibrief des Philosophen.

Die Großherzigkeit schuldet der Klugheit
nicht Rechenschaft über ihre Motive.

Das Gewissen der Sterbenden verleumdet ihr Leben.

Wenn all unsere Voraussicht unser Leben nicht
glücklich machen kann, wieviel weniger kann es
unsere Unbekümmertheit.

Wir verdanken den Leidenschaften vielleicht die
größten Vorzüge des Verstandes. Die Leidenschaften
haben die Menschen die Vernunft gelehrt.

Man muß den Menschen erlauben, Fehler gegen
sich selbst zu begehen, um ein noch größeres Übel
zu vermeiden : die Knechtschaft.

Wer strenger als die Gesetze ist, ist ein Tyrann.

Wir sparen unsere Nachsicht für die Vollkommenen.

Wir schelten die Unglücklichen,
um sie nicht beklagen zu müssen.

Wir wissen unseren Freunden für die Schätzung
unserer guten Eigenschaften wenig Dank, wenn sie
auch nur wagen, unsere Fehler wahrzunehmen.

Wer die Menschen fürchtet, liebt die Gesetze.

Schwache wollen manchmal, dass man sie für böse
halte, aber die Bösen wollen immer für gut gelten.

Wir verachten vieles,
um uns nicht selbst verachten zu müssen.

Die sich über ernste Neigungen lustig machen,
lieben ernstlich das Nichtige.

Gäbe es keine Tapferkeit,
so hätten wir für immer Frieden.

Es ist ein großes Schauspiel, wie die Menschen
insgeheim nachgrübeln, wie sie einander schaden
könnten und wie sie doch, wider alle Neigung
und Absicht, einander helfen müssen.

Wir haben weder Kraft noch Gelegenheit,
all das Gute und Böse zu tun, das wir planen.

Ein unnützer Mensch hat große Mühe,
irgendjemanden zu narren.

Die kurze Lebensdauer kann uns weder von seinen
Freuden abbringen noch über seine Mühsal trösten.

Die Menschen verbergen aus Schwäche und aus
Furcht vor Verachtung ihre liebsten, beständigsten
und oft tugendhaftesten Neigungen.

Großes erreicht der Geist nur sprungweise.

Wir bewundern Corneille, dessen schönste Stellen aus
Seneca und Lukian stammen, die wir nicht bewundern

Armut demütigt die Menschen,
so dass sie selbst über ihre Tugenden erröten.

Die wahren Politiker ... sind wahrere Philosophen.

Neu und originell wäre das Buch,
das uns alte Wahrheiten lieben lehrte.

Manche Werke veralten wegen derselben Vorzüge,
um deren willen sie nachgeahmt wurden.

Den guten Maximen bleibt es nicht erspart,
trivial zu werden.

Eine junge Frau hat nicht so viele Verehrer
wie ein reicher Mann durch die Freuden seiner Tafel.

Die Verzweiflung ist trügerischer als die Hoffnung.

Die Leidenschaften der Menschen sind Wege,
zu ihnen zu gelangen.

Wollen wir die Menschen über unsere Interessen täuschen, so täuschen wir sie doch nicht über die ihren.

Wir verlangten nicht so ehrgeizig die Achtung der
Menschen, wenn wir sicherer wären, sie zu verdienen.

Unsere Kenntnis des Unnützen ist größer
als unsere Unkenntnis des Notwendigen.

Worüber man auch schreiben mag, für die Menge
sagt man nie genug und für die Klugen stets zu viel.

Jedes Unrecht, das uns nicht unmittelbar nützt,
verletzt uns.

Niemand ist furchtsam, ruhmsüchtig und eigennützig
genug, um alle ihm schädlichen Wahrheiten
zu verbergen.

Großes Glück ist häufiger als großes Talent.

Eine Maxime, die erst bewiesen werden muss,
ist schlecht formuliert.

Es gibt Leute, deren Gaben man ohne ihre Fehler
nie erkannt hätte.

Die Schriftsteller nehmen uns unseren geistigen Besitz
und verkleiden ihn, um uns die Freude
des Wiederfindens zu machen.

Wir denken nicht so gut, wie wir handeln.

Wen Armut nicht drückt,
den macht Hochmut unglücklich.

Der Geist steht heute nur infolge des Überangebots
so niedrig im Preis.

Die Witze der Philosophen sind so maßvoll, dass
man sie von der Vernunft nicht unterscheiden kann.

In einem gewissen Sinn ist es der einzige Fehler
aller Werke, zu lang zu sein.

Liebe ist heftiger als Selbstliebe, denn man kann noch
eine Frau lieben, die einen verachtet.

Das Alter kann seine Nacktheit nur durch wahren
Ruhm bedecken; Ruhm allein ersetzt die in einem
langen Leben verbrauchten Gaben.

Das Gesetz sei scharf und die Menschen nachsichtig.

An Weibern wird nur Schamhaftigkeit geschätzt,
an Männern nur Schamlosigkeit.

Schreibt man nicht, weil man denkt, so ist es zwecklos
zu denken, um zu schreiben.

Weisheit ist der Tyrann der Schwachen.

Die Nützlichkeit der Tugend ist so offenbar,
dass die Bösen sie aus Eigennutz üben.

Jedes Laster ist schädlich, wenn es geistlos ist.

Aphorismen sind die Einfälle der Philosophen.

Gedanken sind unvollkommener als die Sprache.

Kann man sich selbst nicht unterhalten,
so will man andere unterhalten.

Die Faulen sind stets aufgelegt, irgendetwas zu tun.

Bedienen wir uns unserer schlechten Motive,
um uns in unseren guten Vorsätzen zu stärken.

Raten, das heißt Menschen Motive zum Handeln
zu geben, die sie nicht kennen.

Der Hass der Schwachen ist nicht so gefährlich
wie ihre Freundschaft.

Mitleid ist nicht so zärtlich wie Liebe.
Liebe ist nicht so empfindlich wie Eigenliebe.

Es schmeichelt uns, wenn man uns als Mysterium
eröffnet, was wir ganz natürlich gedacht haben.

Philosophen werden nur mäßig geschätzt.
Sie sprechen zu wenig von dem, was wir wissen.

Wenn große Gedanken uns täuschen,
so unterhalten sie uns doch.

Wir haben nicht genug Eigenliebe,
um die Verachtung anderer geringzuschätzen.

Man vergisst einen erlittenen Schimpf so sehr,
dass man durch Gleichgültigkeit sich neuen zuzieht.

Die größte Kraft des Geistes tröstet uns
nicht so schnell wie seine Schwäche.

Wir reden uns oft unsere eigenen Lügen ein,
um uns nicht Lügen strafen zu müssen, und
täuschen uns selbst, um die anderen zu täuschen.

Alles, was unserer Eitelkeit am meisten schmeichelt,
gründet sich auf die Bildung, die wir verachten.

Die Krankheiten heben unsere Tugenden
und Laster auf.

Man weiß am besten, was man nicht gelernt hat.

Dass es einem an Geist fehlt,
merkt man überhaupt nicht.

Bosheit ersetzt Geist.

JEAN PAUL (RICHTER)

Man verachte die Freude, um sie zu genießen.

Der gefällt nicht, der fürchtet, nicht zu gefallen.

Man gewinnt mehr, wenn man Mädgen etwas für sich
tun lässet als wenn man etwas für sie tut.

Es ist leichter, die Menschen zu lieben als zu ertragen
- viele heftig zu lieben, als keinen zu hassen.

Mit einem ganz neuen Charakter kömmt der größte
Menschenkenner nicht aus.

Zwischen 4 Wänden sind alle Menschen Sonderlinge,
nur nicht offen.

Es ist nicht halb so ungesund, Philosophie zu lehren
als zu lernen.

Wer nicht sucht, wird bald nicht mehr gesucht.

Die Kinder sind nie so gehorsam, als wenn sie
den Eltern etwas geschenkt oder sonst eine Freude
gemacht haben.

Der Geizige liest jedes gekaufte Buch aufmerksamer,
er will etwas für sein Geld haben.

Man hält stets fremde List für feiner als eigne,
weil man jene erst erraten muss.

...das Bestreben, den Fehler zu vermeiden, bringt ihn
hervor.

Ein Witziger ist selten witzig bei einem Witzigen,
am wenigsten bei höheren Personen.

Der Skeptiker liebt den Orthodoxen mehr
als den Ketzer.

Bei den gemeinen Leuten ist man vornehm delikat,
bei den Vornehmen zynisch.

Der Wirt ist stets aufrichtiger als der Gast.

An andern liebt man Vollkommenheiten, an sich sich.

Wer weiß, dass er uns gefällt, dem gefallen wir.

Es gehört schon zu den Widersprüchen des Menschen,
dass er welche zu haben glaubt.

In Frauen wird man oft aus Langeweile verliebt –
man weiß nichts weiter mit ihnen anzufangen.

Denken lernt man nicht an Regeln zum Denken,
sondern am Stoff zum Denken.

Solang ein Mensch ein Buch schreibt,
kann er nicht unglücklich sein.

Mit manchen Dingen muss man prahlen,
um sich ihrer nicht zu schämen.

Bloß darum müssen wir so viel lesen, weil wir alles in
10 Büchern lesen müssen, anstatt es aus 1 zu merken.

Man verdirbt unter Leuten,
die einen nicht übertreffen.

An ungebildeten Leuten ärgert einen Eigennutz nicht.

Es ist leichter, eine Tugend zu übertreiben, als sie zu
haben, leichter, das Gelübde immerwährender
Keuschheit zu tun, als in der Ehe zu leben.

Man drückt lieber die Augen zu,
als dass man die Finsternis sähe.

Wenn ein Buch nicht wert ist, 2 mal gelesen zu werden, so ist's auch nicht wert, 1 mal gelesen zu werden.

Die Liebe mindert die Feinheit der Weiber
und vermehrt die der Männer.

Für einen von viel Witz und Belesenheit gibt's gar
keine Unähnlichkeiten mehr.

Eltern schlagen stärker, wenn das Kind nicht schreit.

Wenn man keine besondere Gelegenheit hat, jemand
seine Liebe zu zeigen : denkt man zuletzt, man fühle
sie schwächer.

Man muss etwas Besseres sein als sein Stand, um ihn
zu erfüllen.

Wem eine Frau gleichgültig ist, bei dem fängt die
Sinnlichkeit an.

Man unterlasset zu viel Gutes, weil der Nutzen, und
begeht zu viel Böses, weil der Schaden zweifelhaft ist.

Ich ärgerte mich über den Menschenlärm unter mir
und konnte nicht eher schlafen, als bis ich wusste,
es seien Pferde.

Gegen Liebe ist man nie undankbar,
nur gegen Wohltaten.

Das Reden mehrt die eigne Rührung mehr als fremde.

Der Pöbel achtet Pedanten.

Der Uneigennützige hasset Egoisten nicht so sehr als
der Egoist.

Weiber behalten eigne Geheimnisse, Männer fremde.

Das Verstecken der Eitelkeit ist eine größere
(gehasstere) als jede.

Man spricht und dichtet viel eher von der Leerheit und
Nichtigkeit des Lebens, als man sie kennt; man spricht
ungern ... davon, wenn man sie kennt.

Man denkt beim Spotten und Widerlegen mehr daran,
es denen, die schon auf unserer Seite sind, deutlich zu
machen, als den Widersachern.

Je kürzer solche sind, desto noch kürzer will man sie
haben; und Längen, die uns in andern Büchern Kürzen
wären, sind uns zu große.

Wenn man über etwas spricht oder schreibt, sieht
man, dass man mehr weiß, als man dachte.

Nach einer kühnen Tat muss man fort kühn sein,
sonst geht man unter.

In der moralischen Welt verbreitet sich Licht
langsamer als Wärme; anders als in der physischen.

Schlechte Autoren sollte man vor, gute nach ihren
Büchern kennenlernen, um jenen die Bücher
zu vergeben, und diese den Büchern.

Manche suchen aus Eitelkeit stolz zu sein.

Der Mensch schenkt am leichtesten
nach dem Schenken.

Weiber fragen so viel nach Sentenzen,
weil sie kein System haben.

Der gute Mensch sogar drückt seine guten Maximen
noch schärfer aus, als er sie übt.

Die Menschen widerlegen einander ewig nur Irrtümer,
die der Gegner nicht behauptet.

Man kann vom Menschengeschlechte zu schlecht
denken und doch vom einzelnen immer zu gut.

Der erste Bettler nach einer Feuersbrunst bekommt
am meisten.

Weiber schildern gern dem Arzte alle Symptome recht
stark, als ob er dadurch besser kurierte oder lieber.

Der Wegreisende glaubt stets, weiter zu sein als der
Dableibende.

Durch Tadel wird man öfter mehr vorsichtig und klug
als besser.

Die rechte Originalität ärgert sich, dass nicht jeder ist
wie sie −, die scheinbare will gar nicht, dass andere
sind wie sie.

Man erzürnt sich immer mehr gegen einen, für den
man erst den Zorn einige Zeit aufheben muss − und
genade ihm dann Gott !

Alles ist uns am andern leichter zu erraten als dies,
wie er uns errät; das Erraten des Erratens. Daher
können 2 auf einmal sich wechseitig überlisten.

Die Weiber sind gut, aber schwer werden sie besser.

War man zu sanft und stoisch im ehlichen Zank,
so braust's nachher auf, und man vergibt schwerer.

War man zu wild : so bereuet man
und vergibt leichter.

Einer Liebhaberin wird die Treue viel leichter als
einer Gattin.

Der Leser leiht dem Autor gewöhnlich die schöne etc.
Lage, in der er ihn zum ersten Mal las.

Das Streben nach Wahrheit macht uns zu sehr offen
für jede neue Ansicht.

Nicht die Freuden, sondern die Leiden verbergen die
Leere des Lebens.

Man ist dem andern, den man tadelt, ähnlicher und
dem, den man lobt, unähnlicher, als man glaubt.

In jeder Liebe ist ein Schmerz, denn welches Geliebte
ist glücklich genug, auch wenn man es nicht verliert?

Wer meine Fehler überträgt, ist mein Herr, und wenn's
mein Diener wäre.

Der Mensch begreift niemals, wie anthropomorphisch
er ist.

Ein jeder, weil er spricht, glaubt,
auch über die Sprache sprechen zu können.

Unser ganzes Kunststück besteht darin, dass wir die
Existenz aufgeben, um zu existieren.

Nur in der Schule selbst ist die eigentliche Vorschule.

Die Meisterschaft gilt oft für Egoismus.

Der Autor eines Buches, das wir beurteilen könnten, müsste von uns lernen.

Schönheit und Geist muss man entfernen, wenn man nicht ihr Knecht werden will.

Das Gesetz haben die Menschen sich selbst auferlegt, ohne zu wissen, über was sie Gesetze gaben ...

Wen jemand lobt, dem stellt er sich gleich.

Es ist besser, es geschehe dir unrecht, als die Welt sei ohne Gesetz. Deshalb fügt sich jeder dem Gesetz.

Man kennt nur diejenigen, von denen man leidet.

Wenn ein paar Menschen recht miteinander zufrieden sind, kann man meistens versichert sein, dass sie sich irren.

Dulden heißt beleidigen.

Das Absurde, Falsche lässt sich jedermann gefallen: denn es schleicht sich ein; das Wahre, Derbe nicht: denn es schließt aus.

Es gibt viele Menschen, die sich einbilden, was sie erfahren, das verstünden sie auch.

Man geht nie weiter, als wenn man nicht mehr weiß, wohin man geht.

Die Erfahrung ist nur die Hälfte der Erfahrung.

Die Menschen glauben, dass man sich mit ihnen ab-
geben müsse, da man sich mit sich selbst nicht abgibt.

Nach Pressfreiheit schreit niemand,
als wer sie missbrauchen will.

Was nicht originell ist, daran ist nichts gelegen,
und was originell ist, trägt immer die Gebrechen
des Individuums an sich.

Ich denke immer, wenn ich einen Druckfehler sehe,
es sei etwas Neues erfunden.

Von dem, was sie verstehen, wollen sie nichts wissen.

Einem Dilettanten : Leben Sie,
wie Ihnen der Schnabel gewachsen ist.

Traum des Snob : nach dem Buchstaben des Gesetzes
leger zu sein.

Es gibt Rezensenten, die lehnen Schinkenbrötchen ab,
um nicht in den Ruf der Bestechlichkeit zu kommen.
So hoch schätzen sie die Schinkenbrötchen.

Neugier ist die gespannte Angst, dass es Wunder geben könnte.

Alle Ismen sind zu bejahen, alle Isten zu verneinen.

Er kann mir nicht verzeihen, dass er mir nachmacht!

Die wenigsten wissen, dass auch das Nichtschreiben
die Frucht langer und mühseliger Arbeit ist.

Fausts Ideal : sich von Gretchen die Strümpfe stopfen
lassen und mit der Helena über Goethe reden.

RIVAROL (1753 - 1801)

Die meisten unserer Gottlosen sind nur rebellische
Frömmler.

Ein wahrer Philosoph verzeiht der Gesellschaft seinen
Mangel an Vermögen mit derselben Ruhe, mit der ein
reicher Bankier der Natur seinen Mangel an Geist
nachsieht.

Die herrliche Fähigkeit des Geistes zu Sammelbegrif-
fen ist die Wurzel fast aller seiner Irrtümer gewesen.

Man wundert sich über gar nichts, wenn man sich
über alles wundert : das ist der Zustand der Kindheit.

Die Dummen, die Bauern und die Wilden glauben von
den Tieren viel weiter weg zu sein als der Philosoph.

Zerstreuung kommt von einer großen Leidenschaft
oder von einer großen Fühllosigkeit.

Man braucht so gute Gründe zum Leben, dass man
keine zum Sterben braucht.

Manche Leute haben von ihrem Vermögen nur die
Furcht, es zu verlieren.

Die Liebe ist ein Raub der Natur an der Gesellschaft.

Ein Herzog macht eine Herzogin, ein geistreicher
Mann keine geistreiche Frau.

Unter zehn Personen, die über uns sprechen, sagen
uns neun Böses nach, und die einzige, die Gutes sagt,
sagt es schlecht.

Ein Buch, das man stützt, ist ein Buch, das fällt.

Nachsicht mit denen, die man kennt, ist gewöhnlich seltener als Mitleid mit denen, die man nicht kennt.

Nichts geleistet zu haben, ist ein bedeutender Vorteil, den man nicht zu sehr ausnutzen sollte.

Wenn man vor den Deutschen Geist zeigt, so bemühen sie sich zu verstehen, und es gelingt ihnen erst, nachdem sie sich durch Blicke besprochen haben. Sie tun sich zusammen, um ein Bonmot zu begreifen.

Die Natur verstummt auf der Folter.

Der Schnee ist eine erlogene Reinlichkeit.

GEORGE BERNARD SHAW

Die Demokratie ist eine viel katholischere Sache als die Kirche selbst.

Der Mensch ist das einzige Wesen, das sich reich dünkt im Verhältnis zur Zahl und Gefräßigkeit seiner Parasiten.

Wer Geld gibt, das er nicht verdient, geht großzügig mit der Arbeit anderer um.

Solange wir Gefängnisse haben, macht es keinen Unterschied, wer von uns die Zellen bewohnt.

Wenn ein Gefangener die Tür seines Kerkers offensieht, stürzt er hinaus, ohne auch nur einen Moment
zu überlegen, wo er draußen sein Mittagessen bekommt.

Die goldene Regel heißt:
Es gibt keine goldenen Regeln.

Selten beweist eine Tatsache einen Grundsatz.

Wer was kann, tut es. Wer nichts kann, lehrt es.

Die wahre Klugheit findet sich nur bei Leuten, die
davon leben müssen.

Mach dein Kreuz zu deiner Krücke, aber hüte dich vor
dem, der das auch tut.

Tu andern nicht, wie du willst, dass sie dir tun. Ihr
Geschmack könnte ein anderer sein.

Liebe deinen Nachbarn nicht wie dich selbst. Bist du
mit dir einverstanden, ist das eine Unverschämtheit;
bist du nicht mit dir einverstanden, eine Beleidigung.

Paradoxe sind die einzigen Wahrheiten.

Martyrium ist der einzige Weg, auf dem ein talentloser Mensch berühmt werden kann.

Der moderne Krieg deckt nicht einmal die Kosten.

Selbstverleugnung ist keine Tugend, sie ist nur die
Wirkung der Klugheit auf die Schlechtigkeit.

Tugend besteht nicht im Verzicht auf Laster, sondern
darin, sie nicht zu begehren.

Laster ist Verschwendung von Leben.

Wenn ein Engländer sich unbehaglich fühlt, glaubt er,
er sei moralisch.

Anständige Menschen sind immer dazu da, sich von
Snobs die Meinung sagen und außer Fassung bringen
zu lassen.

Nichts gehört sich, was wert ist,
dass man darüber spricht.

Seit ich wunschlos bin, spüre ich, dass es nichts gibt,
wozu ich nicht imstande wäre.

Es gibt zwei Tragödien im Leben : Die eine ist, seinen
Herzenswunsch unerfüllt zu sehen. Die andere ist, ihn
erfüllt zu sehen.

Ein Mann, der an nichts glaubt,
fürchtet sich vor allem.

Das Leben hört ebenso wenig auf, komisch zu sein,
wenn die Leute sterben, als es aufhört, ernst zu sein,
wenn die Leute lachen.

Das Schicksal des Menschen, der das Leben sieht,
wie es ist, und romantisch darüber denkt,
heißt Verzweiflung.

Die Menschen verwechseln oft die Erschütterung
der Enttäuschung mit dem Eindruck der brutalen
Wahrheit.

Da das Weib nach dem Manne geschaffen wurde,
kam die Geschicklichkeit und die Übung,
die bei der Erschaffung gewonnen wurde, ihr zugute.

Die Enttäuschungen der Liebe erwärmen das Herz
mehr als alle Triumphe der Gefühllosigkeit.

Die Ehe ist die liederlichste aller menschlichen
Einrichtungen. Das ist das Geheimnis ihrer Beliebtheit
... weil sie ein Maximum an Versuchung mit einem
Maximum an Gelegenheit vereinigt.

Die ideale Ehefrau ist die Ehefrau, die alles tut,
was der ideale Ehemann wünscht, und nichts weiter.

Man hat Zeit genug, an die Zukunft zu denken,
wenn man keine Zukunft mehr hat.

Ob man nun glaubt, dass Jesus Gottes Sohn war
oder nicht − jedenfalls muss man zugeben,
dass er ein erstklassiger Nationalökonom war.

Was die Welt Originalität nennt,
ist nur eine ungewohnte Art, sie zu kitzeln.

Seume

… : die ganze Welt ist eine große Apokryphe. Mir ist
es sehr lieb, wenn sie andern verständlicher ist als mir.

Wer aus sich herauslebt, tut immer besser,
als wer in sich hineinlebt.

Wo ein einziger Mann den Staat erhalten kann,
ist der Staat ... kaum der Erhaltung wert.

Wo keine Sklaven sind, kann kein Tyrann entstehen.

Ob Brutus gut war, ist problematischer,
als dass Cäsar schlecht war.

Faulheit ist Dummheit des Körpers,
und Dummheit ist Faulheit des Geistes.

Wer die Krankheit hat, keine Ungerechtigkeiten ertragen zu können, darf nicht zum Fenster hinaussehen
und muss die Stubentür zuschließen. Vielleicht tut er
auch wohl, wenn er den Spiegel wegnimmt.

Das bisschen Gerechtigkeit in unseren Staaten wird so
entsetzlich teuer erkauft, dass wir uns oft weit besser
aller ursprünglichen Ungerechtigkeit aussetzen.

Alles würde in der Welt am besten mit Negativen
gehen. Die Wegschaffung des Schlimmen wird schon
das Gute bringen.

Wo man von Gerechtigkeiten und Freiheiten redet,
soll man durchaus nicht von Gerechtigkeit
und Freiheit sprechen.

Wenn die Freundschaft auch ein Vorrecht zugestehen
wollte, so kann die Freundschaft keins annehmen.

Die Gesellschaft gesteht uns oft zu viel zu, das tut sie
aber für das Zuviel, das sie uns genommen hat.

Wenn wir nicht von vorne anfangen, dürfen wir nicht
hoffen, weiterzukommen. Wer den Tod fürchtet,
hat das Leben verloren.

Wer nichts fürchtet, kann leicht ein Bösewicht werden, aber wer zu viel fürchtet, wird sicher ein Sklave.

Was als Böses erscheint, ist meistens böse;
aber was als Gutes erscheint, ist nicht immer gut.

Wenn man menschlich fühlte und dachte, fand man
das Wort Sklave zu hart; man sagte Leibeigener, dann
Erbmann, dann Fröner, dann Bauer; von der Sache
suchte man immer so viel als möglich zu behalten.

Die Nation, welche nur durch einen einzigen Mann
gerettet werden kann und soll, verdient Peitschen-
schläge.

Wer Ansprüche macht, beweist eben dadurch,
dass er keine zu machen hat.

Eine junge Person der Ehrenkaste darf wohl eine
Jungfer haben, aber keine sein, bei Verlust ihrer Ehre.

Einige leben vor ihrem Tode, andre nach ihrem Tode.
Die meisten Menschen leben aber weder vor noch
nach demselben; sie lassen sich gemächlich in die
Welt herein und aus der Welt hinaus vegetieren.

Wer in der Welt nicht 200000 Bajonette mit den gehörigen Appertenzen zu seinem Befehl hat, sollte sich nicht einfallen lassen, öffentlich einen vernünftigen Gedanken zu haben. Und die Herren, die sie haben, lassen sich's beliebter Gemächlichkeit wegen selten einfallen.

Jetzt führen die Franzosen eine schlechte Sache gut und die Deutschen eine gute Sache schlecht.

Wer die Deutschen zur Nation machen könnte, machte sich zum Diktator Europas.

Wer keinen Freund hat, verdient keinen ...
aber wer keinen Feind hat, verdient keinen Freund ...

Je älter ich werde, desto schöner werden die Mädchen. Soll ich meine Narrheit in der Periode der Weisheit machen? Ich muss ... Anatomie studieren.

Wenn sich jemand über den gesunden Menschenverstand versteigt, so ist er immer in Gefahr, darunterzusinken.

Ein Journalist in unseren Tagen muss Indifferentist sein oder mit jedem Blatt wenigstens eine Phimose fürchten.

Die Sittenlosigkeit der Völker ist so groß und ihre Euphemismen darüber zu zahlreich, dass ein ehrlicher, in der Verderbtheit uneingeweihter Mann fast kein Wort sagen kann, ohne eine Zweideutigkeit zu sprechen.

Sobald ich das Wort GNADE höre, fahre ich sogleich
zurück, denn da hat die Vernunft ein Ende, und es hat
nur unter Verbrechern und Dummköpfen Sinn.

Es ist nur ein Despotismus erträglich:
der Despotismus der Vernunft -
wenn wir nur erst über die Vernunft einig wären.

Junge Wüstlinge, alte Mystiker. Der Mystizismus liegt
meistens in Nervenschwäche und Magenkrampf.

Die Etymologie ist eine gefährliche Feindin
der Theosophen.

Wer mehr als gewöhnlichen Respekt verlangt,
verdient auch den gewöhnlichen nicht.

Man darf nur die meisten Menschen bestimmt nötig
haben, um sogleich ihre Bösartigkeit zu wecken.

„Haben Sie die Gnade!" heißt wörtlich : Ich verdiene
zwar das Zuchthaus, aber sie werden mir schon anderen lukrativen Posten geben, den ich nicht verdiene.

Wenn dem Menschen nicht immer etwas teurer ist
als das Leben, so ist das Leben nicht viel wert.

Wo das Gemeine verachtet wird, wird das Gute nie
gemein werden, was doch der Endzweck jeder bessern
Kultur ist.

Der Staat sollte vorzüglich nur für die Ärmeren
sorgen, die Reichen sorgen leider nur zu sehr für sich
selbst.

Von der Ehelosigkeit zur Ehrlosigkeit ist bei moralischen Schwächlingen oft nur ein Schritt.

Der Mensch lehnt sich an seinen Tod
wie der Plauderer an den Kamin.

Wahrhaft gut ist jener seltene Mensch, der
die Menschen nie rügt für das, was ihnen zustößt.

Bücher haben dieselben Feinde wie der Mensch:
das Feuer, die Feuchtigkeit, Tiere, die Zeit -
und den eigenen Inhalt.

Das Denken ist hermaphroditisch; es befruchtet sich
und trägt sich selber aus

Die meisten Menschen haben von der Dichtung
eine so unklare Vorstellung, dass diese Unklarheit
selbst für sie zur Definition der Dichtung wird.

Nachahmung befreit ein Werk von dem,
was an ihm nachgeahmt werden kann.

Alles, was man von uns sagt, ist falsch;
aber nicht falscher, als was wir davon denken. -
Sondern auf eine andere Art falsch.

Aus „Vermischten Bemerkungen" des Logischen Frühromantikers *Wittgenstein*

Kultur ist eine Ordensregel.
Oder setzt doch eine Ordensregel voraus.

Schlage Geld aus jedem Fehler.

Beim Philosophieren muss man ins alte Chaos
hinabsteigen, und sich dort wohlfühlen.

Der Geschmack reguliert.
Das Gebären ist nicht seine Sache.

Scheue dich ja nicht davor, Unsinn zu reden!
Nur musst du auf deinen Unsinn lauschen.

Nur ein sehr unglücklicher Mensch hat
das Recht, einen anderen zu bedauern.

Genie ist das, was uns das Geschick vergessen macht. (Und das Talent des Meisters).

Wie schwer fällt mir zu sehen,
was *vor meinen Augen liegt*!

Die Freude an meinen Gedanken ist die
Freude an meinem eigenen seltsamen Leben.
Ist das Lebensfreude?

In der Kunst ist es schwer, etwas zu sagen,
was so gut ist wie: nichts zu sagen.

Es ist beschämend, sich als leerer Schlauch
zeigen zu müssen, der nur vom Geist aufge-
blasen wird.

Worte sind Taten.

Wenn das Christentum die Wahrheit ist,
dann ist alle Philosophie darüber falsch.

In den Tälern der Dummheit wächst
für den Philosophen immer noch mehr Gras
als auf den kahlen Höhen der Gescheitheit.

'Der Knall war nicht so laut, als ich ihn
erwartet hatte.' - 'Hat es also in deiner
Erwartung lauter geknallt?'

Philosophie als Gnomosophie
Gewühl von Inseln im ozeanischen Gefühl

„Es gibt keinen Fortschritt, nur ein Fort-Schreiten
des Menschen aus der Natürlichkeit ins Ungewis-
se seines geistigen Abenteuers." (*Hartmut Lange:*
„Tagebuch eines Melancholikers", 1983)

Das tiefste Wunschdenken wünscht sich,
nicht nur Wunschdenken zu sein,

Positives Denken ist das Negativsymptom
der positivistischen Zeitgeisteskrankheit und
konkrete Negation das heilsamste Positive.

„Quo vadis, Fußballermann?" – „No Huus."
Man geht dorthin, woher man kommt.

Der Blutdruck ist ein Druckmittel der Phar-
maindustrie, uns ewige Medis aufzudrücken.

Moderne Ehe benutzt als Eselsbrücke
zwischen zwei Menschen gern Dritte.

Dichter finden unklare Sprache für klare
Sachen oder genaue Worte für Ungenaues.

Was Wunder, dass es gar keins geben muss!

In welchem Realitätstraum ist der Zeitgeist
heute befangen, und was kann ihn wecken?

Aphorismen wollen Blumenbergs *absolute
Metaphern* jeder Zeitgeistrealität relativieren
und ihre verborgenen Selbstverständlichkeiten
zwergsatirisch sichtbar machen und scheitern
gern.

Ist der Kalte Krieg wieder nötig,
um den heißen zu verhüten?

Hohl ist wohl, wer diesen Kohl hier isst.

Vieles ist nützlich, um schaden zu können,
doch nichts nutzt mehr als das Nutzlose.

Nichts ist so nutzlos, wie Pragmatist zu sein,
und nichts so fruchtbar wie ein Mystiker.

Es ist sicher eines der tiefsten menschlichen
Bedürfnisse, nicht nur ein bedarfsdeckendes
Bedürfniswesen zu sein.

Nachdenken ist Nachbeten dessen,
was die Sache nicht vorsagen kann.

Ich denke, also bin ich am Denken
und zu viel bei mir statt bei der Sache.

Zwischen Geburts- und Todesschrei
lacht das ernsthafte Denken über beides.

Reflexion heißt, du erblickst deine künftige
Leiche und erschrickst zu Tode. Lebendiges
Denken ist todesbewusste Selbstverneinung:
Wahre (unsterbliche) Denker bewahren sich
vor der Wahrheit, so bald sterben zu müssen.
Doch sagt die Wahrheit, wer nur schweigt?

Du stehst als Einzelner vor der Allgemeinheit
und als ihr Allgemeinbegriff vor all diesen
Individuen, doch als etwas ganz Besonderes
zwischen Sonderling und Massen.

Herrschaft wird verherrlicht,
nicht verweiblicht und/oder verknechtet.

Ist jeder philosophische Dualismus zwischen
Sein und Schein nur Geschlechtsunterschied?

(Otto Weiniger: „Über die letzten Dinge“, 1906):
„Der Mensch lebt solange, bis er entweder in das
Absolute oder in das Nichts eingeht." – „Ich bin
nichts, und ich müsste alles sein." *(Abbé Sieyès)*

Hebt Marx seine Selbstentfremdung auf durch
Wiederaneignung seiner Potenzfrüchte?

Gestorbene Menschen werden lebende Tote.
Totes wird lebendig als Sterbliches
und endet als Ewiges.

Kann alles Bestehende ohne Geständnis
beständig bestehen vorm Jüngsten Gericht?

Deine leiblichen Kinder sind vergänglich,
meine geistigen ewig übergangen.

Ist Hegels (von H. Schmitz analysierter) stän-
diger Rückfall von dreiphasiger (übergreifend
allgemeines Drittes) auf zweiphasige Dialektik („Bei-sich-selbst-sein-im-Anderen") schon
Adornos „negative Dialektik" ohne alle syn-
thetische Versöhnung der Gegensätze?

Kannst du dir vorstellen, dass du dir
bald nichts mehr vorstellen kannst?

Der Aphorismus ist eine männliche Monade,
die weiblichen Monismus zeugen will, und
jede Monade will *Henade* aller Monaden sein.

Wer hart genug geschlagen wird, fällt um.
Der Brummkreisel steht nur auf,
wenn er hart geschlagen wird.

Ist mancher Egoismus nur eine Depression
oder manche Melancholie ein Narzissmus?

Du hast ein angeborenes Geistesfitnesscenter
im eigenen Kopf, doch als Sparringpartner
hilft auch manches Buch.

Kann das Schreiben über Depressionen
sie vertreiben wie grundloses Gelächter?

Vor Lug und Trug bewahrt uns nicht das
Gewissen des „Neuen Menschen", sondern
die Opposition parlamentarischer Demokratie.

Mutig bin ich vor Gegnern,
denen ich ohnehin nie begegnen werden.

Popkultur: Hochkultur der Halbbildung heue.

Ein fester Standpunkt bleibt auf keinem toten
Punkt stehen, sondern baut ein festliches
Weltbild auf.

Metaphysik handelt von den ewigen ersten
und letzten Dingen. Entweder war sie nie
eine Wahrheit gewesen oder ist es heute noch.

Wenn es je metaphysische Wahrheiten gab,
ist „nachmetaphysisches Denken" unmöglich,
ohne Fake zu sein.

Aphorismen und schabernackte Eulenspiegel-
bilder : metaphysische Telegramme an Aliens,
Werbeslogans für eine wegschrittliche Welt.

Aufklärung nur per Wissenschaft, Humanismus nur per Kunst, beides zusammen in Philosophie und ewige Realität in der Religion.

Wittgenstein erdete seine allem Realen ent-
fremdeten Subjektivität in ewigen Wahrheiten
der formalen Logik, seinen schwulen Alltag
im gewöhnlichen Umgangssprachspiel, was
ihn nicht vorm Prostatakrebstod bewahrte.

Hochkultur unterhält, U-Literatur langweilt.

Hochkultiviert wirkt schon,
wer Popkultur schmäht.

Auch *Blumenberg* philosophierte wider den
tödlichen „Absolutismus der Wirklichkeit"
wie jeder, der vor Angst stirbt und wenigstens
aphoristisch mal wieder kurz aufsteht.

Aphorismen sollten klingen, als ob sie fast
von jenseits des Grabes oder Realen kämen.
Sie halten sich selten an philosophische
Omenklatur(a).

Wer andere dumm nennt, muss nicht klug sein
und ist der Dumme klug genug, den Dummen
im Dummen zu erkennen?

Ist dein Gewissen die Stimme
gewissenloser Leute in dir?

Versagt die Linke, erstarkt die Rechte.
Wer darüberstehen will, liegt noch darunter.

Reiche würden Wahlen gewinnen, wenn sie
mit ihrem Geld die Armen verträten. Lieber
behalten sie ihr Geld und verlieren Wahlen.

Werbeslogans sind die Aphorismen
der Industrie und Dienstleister, Aphorismen
wurden die Werbesprüche für Ladenhüter.

Angst vor Machtverlust war immer wirksamer
als jeder Appell an moralischen Anstand.

Schweigt die Stimme politischen Gewissens,
springe die Stimme der Gegenpartei oder der
Presse ein. Unter grundehrlichen Leuten ist
keine formale Demokratie nötig, nur unter
kleinen Teufeln, gegen ewigen Oberteufel.

Natürlich ist Lug und Trug am Volk mit der
Demokratie vereinbar, da es ja gerade die
Funktion von Opposition und Vierter Gewalt
ist, die Lumpereien der Regierung ständig
aufzudecken, statt erst heuchlerisch auf den
integren *Neuen Menschen* zu warten.
Schlafen Opposition und Presse, haben sie
ihre Chance und die der Republik vertan. Alle
sind potentielle Gauner, auch ihre Kritiker;
man muss sie nur rechtzeitig entlarven und
das nutzen.

Popkultur ist weniger populär als vulgär und
wird nicht vom Volk geschaffen, sondern für
die Massen gegen das Individuum produziert.

Was, wenn ein Perverser wie Mann oder Frau
ein Averser ist gegen Diverse?

Könnten Migranten von uns ein demokra-
tischeres Leben lernen wie wir von vielen
Migranten ein spirituelleres Leben? Hat das
Morgenland die Demokratie noch vor sich
wie das Abendland die Religion leider schon
hinter sich?

Konstruktive Selbstkritik, die vernichtender
Kritik zuvorkommen will, ist oft stinkendes
Selbstlob.

Die philosophischen Antipoden sind der frag-
mentierte Wittgenstein und der aphoristische
Adorno, Hegels neuplatonische *Dreieinigkeit*
à la Proklos und die negative coincidentia
oppositorum des Cusanus.

Dreifacher Ansatz : Anwendung der Psycho-
analyse, der formalen Logik und der Aphoristik auf philosophische Probleme, unter mono-
theistischer und proletaristischer Perspektive.

Die Kraft des Wortes wirkt nirgends konzen-
trierter als im paradoxen Aphorismus.

Gebraucht wird geistreichere *Philosophie
des Geistes* statt Liebe zu witzlosen Geisteswissenschaften.

Wichtig an einer journalistischen Meinungs-
kolumne ist allein, was in ihr nie geschrieben
werden darf.

Die Kraft des Wortes richtet sich stets gegen
das Wort der Macht, gegen Kumpanei von
Geist, Geld und Welt.

Bei Markus Gabriel gelten absolute Werte nur
im relativen *Sinnfeld* relativer Perspektiven.

Die „höchste literarische Eleganz" *(Schmitz)*,
mit der Wittgenstein das privatsprachlich un-
verständliche Ich aus der objektiven Welt von
Logik und Physik verbannt, ist aphoristischer
Esprit und kein konformistisches Sprachspiel.
„Selbstdarstellung durch Selbstaussparung":
Was auch immer Wittgenstein von sich sagte,
dementierte er zugleich sofort selber.

Bin ich mehr und anderes als die enzyklo-
pädische Summe meiner aphoristischen und
fragmentierten Stichproben aus der Welt?

Aphorismen : Wittgensteins Privatsprache in
Metasprachspielen als Sprachspielverderber.

Sind nur Gedanken zugelassen, die sich im
Leben des Denkers einlösen ließen, taugen sie
wenig. Ideen müssen die beschränkte Existenz
ihres Urhebers transzendieren, um Geist zu
bleiben. Unrealisierbare Ideen wie bei Platon
sind oft die vollkommensten.

Wäre Religion nur eine Frucht von Todesangst, könnte sie diese nicht besiegen.

Wer mehr Obacht auf Beachtung als auf Beobachtung gibt, fällt bald in Acht und Bann.

Hat jede Sache nur zwei Seiten?
Sehr dünnes Buch!

Im Paradox holt Sprache aus der Sache deren
über sich hinaustreibende Selbstwidersprüche
hervor in Richtung auf symbolisiertes Ganzes.

Die Heilige Schrift übersetzt das mutmaßliche
Wort Gottes in hebräische Sprache, Theologie
deutet diese Übersetzung weltsprachlich.

Denkbare Grenzen großer Denker

Platons Grenzen liegen im antidemokrati-
schen Aristokratismus und totalitärer Staats-
philosophie.

Aristoteles´ Grenzen liegen im goldenen Mix
aus Demokratie, Oligarchie und Diktatur.

Descartes´ Grenzen liegen in Analytischer
Weltkonstruktion und im logischen Abgrund
zwischen Leib und Geist.

Spinozas Grenze liegt in der Heiligsprechung
der Großen Mutter Natur, in der alle vater-
losen Kinder schwindsüchtig untergehen.

Leibnizens Grenze beruht auf infinitesimaler
Weltzerlegung in unendlich vieles Kleinstes.

Kants Grenze liegt im naturwissenschaftlich
beschränkten Erfahrungsbegriff.

Fichtes Grenze liegt im „Totschlag der Natur"
durch (fakten)freie Einbildungskraft, die sich
für rationale Urteilskraft hält.

Hegels Grenzen liegen im arbeitsprotestan-
tischen Geschichtsoptimismus ohne „faule
Existenz“ des unvernünftigen Individuums.

Schopenhauers Grenzen liegen in antidemo-
kratischer Rentnerphilosophie und mitleid-
losem Antisemitismus.

Nietzsches Grenzen liegen in antidemokratischem Elitismus, antitheistischer Allmachts-
phantasie und perspektivischem Relativismus.

Wittgensteins Grenze liegt in alternativloser
Alternative von logischer Kunstsprache und
konformistischem Sprachspiel, was er aber
aphoristisch nonkonformistisch ausspielt.

Heideggers Grenzen liegen in politischer
Naivität, matriarchalischer Seinsphilosophie
und antisemitischer Sprachpornographie.

Sartres Grenzen liegen in a(nti)theistischem
Terrorhumanismus, totalitärer Freiheits-
metaphysik und politischer Naivität.

Carnaps Grenzen liegen im logischen Positivismus wissenschaftlicher Protokollsätze.

Adornos Grenzen liegen im Antitheismus,
Antiproletarismus und Nietzschekult.

Jaspers´ Grenzen liegen im nur mütterlich
„Umgreifenden“ und in der existenziellen
Einheit von puritanischem Sein und Denken.

Luhmanns Grenzen liegen im Verwaltungs-
system ohne intellektuelle Öffentlichkeit.
Nick´lass LooMann : AutoPo´ethisches
Supp´sie´stemm in Um- und Dummwell´t.

Davilas Grenzen liegen in sozialem Privileg
und antidemokratischem Katholizismus.

Wer Witz hat, macht und erzählt keine Witze.

Wer ein Holzbein hat,
ist noch kein Maler *Tischbein*.

Entweder behältst du Recht und bewegt nichts
oder bewirkst etwas und machst dir die Hände
schmutzig. Du würdest nichts besser machen
als deine schnell gescholtenen Politiker und
nur deine weiße Weste bewundern.

Dialektik : Alles selbst demontieren und dementieren, was du selber zementieren kannst.

Demenz dementiert alles soeben Erlebte.

Vom Fan zum fanatischen Feind ist es nur
eine kleine Enttäuschung weit, doch wer Fan
von Fans wird, treibt die Liebe zu weit.

Der einsam wie tote Vater zeugt einen sterb-
lich mitleidenden Sohn, dessen Auferstehung
das ewige Leben des Menschen bedeuten will,
der es wie *Hegel* nur begrifflich verfolgt.

Sei so gut, wie du aussiehst oder besser!

Aphoristiker setzen dir entsetzlich entsetzte
Sätze an die Schläfe.

Dem Phlegmatiker hilft Bohnenkaffee so
wenig wie Baldriantee dem Zappelphilipp.

Neurosen nennen Frauen dornige Rosen.
Röslein nennt der Frauenfeind seine Gattin,
wenn er sie anders nicht klein kriegt.

Belesene Leute gelten bei Buchmuffeln
als besonders wenig beschlagen.

Wieviel Energie kostet es, sie zu sparen?

Ein Volkstümmler ist ein hohes Tier irgendwo
zwischen Dressurdelphin und Schweinswal.

Ein Narr fühlt sich durch Aufklärer verdummt
und für dumm verkauft.

Ein Unmensch ist ein Mensch, der andere
Menschen Unmenschen oder Idioten nennt.

Nichts ist der Wahrheit näher als Widersinn.

Zu Hause gibt es billigen Kaffee mit Kuchen,
im Café nur teuren Café mit *Covid*.

Jede Belastung wird als Belästigung erlebt,
jede Belustigung als Lebenslust.

Bespringt ein Wasserhahn die Legehennen,
entstehen nicht mal Windeier-Omelettes.

Aphoristiker : Moralist unter Narrenkappe,
Jokusjongleur, Wortspielmann, Begriffsgauk-
ler, geistiger Extravagant statt Vagabund oder
Brigant, Schalksknecht dreht Nasen, die er in
alles steckt, Possenreißer des Ungeitgeistes
mit hermetischen Hanswurstiaden, Zaungast-
rolle der „transzendentalen Bouffonnerie"
(Fr. Schlegel), tänzerischer Leichtfüßler und
Florettfechter im Herrgottswinkel, Mummen-
schanzler und Bänkeldenker ohne Buhl und
Zech oder pikarischer Schelmenphilosoph.

Juchhu, schrie der Fakir, als er auf sein
neues superspitzes Nagelbrett sprang.

Die verwünschte Sau´berfrau im Haus
rächt die erwünschte Saufrau im Bett.

Girlie-Babes genießen ihre Überhöhung,
Oldladies ihre umso tiefere Erniedrigung und
rächen sich zurecht durch Altersmatriarchat.

Hegels Dialektik will Schlegels Ironie über-
bietend entschärfen, doch Schlegels Fragment
will Hegels System parodistisch sprengen.
Beides spiegelt sich an geistigem und geist-
reichem Wissen, an Weisheit und Witz:
Lässt sich solches logisch formalisieren?

Sagt Metaphysik Jesus und meint den HErrn,
oder sagt Ironie Herr und meint den Knecht?
Endliches und Unendliches widersprechen
einander und sind doch ineinander zugleich.

Erotik: Lyrik juckreizender Herzensquaddeln.

Wie weit ist die Wirklichkeit von deinem
Zeigefinger entfernt?

Warum will euer Geist dorthin,
wo euer Leib schon ist?

Wer eine Pflaume ist, gehört in keinen
Kuchen und pflaumt dich nur an,
wenn er stets Pflaumenkuchen bestellt.

Da man alles zur Not erklären kann,
veredeln sich Lügen gern zu Notlügen,
welche die notwendigsten Beine haben.

Wer sagt, dass er nicht immer die Wahrheit
sagt oder irrt, lügt und irrt nie.

(Ver-)Enden nimmt laut Beckett kein Ende,
doch Endloses ist laut Hegel nie unendlich.

Erhitzte Philosophen wollen uns helle statt
warm machen und erfinden zur Schwerkraft
die L(e)ichtkraft.

Man weiß gewiss, man glaubt zu wissen, weiß
zu glauben und glaubt, (nicht) zu glauben.

Physik ist ebenso brauchbar wie ungenau,
Logik ebenso exakt wie unpraktisch,
Musik ebenso präzise wie sinnreich,
Ethik ebenso (str)eng wie sinnlos und
Mystik ebenso ungenau wie unpraktisch.

Frei wird, wer sich von überflüssigem Überfluss zum Notwendigen erhebt, nie umgekehrt

Aphorismen sind philosophische Lücken-
büßer, die geheime Leitartikel spielen.
Man schreibt, um zum Schweigen zu bringen.

Meine Meinung ist unvollkommenes Abbild
der Wirklichkeit, die unvollkommenes Abbild
ihrer platonischen Idee ist. Wo steht Realität
zwischen Ansichten und Wesensbegriffen?
Mein Meinungsapparat ist Evolutionsprodukt
der gemeinten Natur wie die ganze Natur ein
geprüftes Wunschprodukt ihres Schöpfers.

Nur ein spirituell Krimineller kann erfolg-
reicher Kriminalist sein wie *Father Brown*.

Zusammenhänge zerstören zu viel,
allein Stückchen wirken erbaulich.

Wer glaubt, muss nicht dran glauben –
glaubt er.

Infantile Greise sind heute nicht altersleise,
doch vorlauter als die frühvergreisten Kids.

Totalverriss bis Verbot ist immer die beste
Werbung und Reklame wirksamste Warnung.

Lebenskunst : Ratschläge für Hakenschläge
vor Nackenschlägen.

Stecken im Aphorismus Bomben-
und Reaktor-Energien wie im Atom?

Vor 60.000 Jahren verließen wir Afrika.
Vor 40.000 Jahren in Eiszeit nach Europa.
(Nach 4.000 Jahren starben Neandertaler aus.)
Vor 40.000 Jahren nur noch Homo sapiens.
Nomaden arbeiteten nur vier Stunden täglich.

Sesshafte (1 km/Jahr) : Tempel *Gödepli Tepe*.
3000 Jahre Ägypten : gottgesandter König.
1000 Jahre : Römisches Reich.
2000 Jahre : Christliches Rom.
(Ein Dutzend Jahre : Tausendjähriges Reich.)

Gelingen setzt sich zum Glück aus vielem
Missglücken zusammen und leider umgekehrt

Aphoristisches System der Philosophie:
Erkenntnistheoretische Sprachspiele, logische
Paradoxien, Gedankenexperimente in einer
literarischen Kunstform zwischen Empirismus
und Rationalismus, Realismus & Idealismus,
Existenz- und Sozialphilosophie, Natur- und
Kulturphilosophie, Physik und Metaphysik,
Kosmologie und Theologie, Theorie und
Praxis, Absolutismus und Relativismus,
Universalismus und Nominalismus, Selbst-
falsifizierungen und Paradigmenwechsel ...

Philosophisches System des Aphorismus:
Endlose Folge (ohne erfolgreiche Folgerung)
von Unendlichem-im-Endlichen, um endlich
das Ende endgültig verfehlen zu können.
Das Ganze mit spitzer Zunge und Feder in
vieldeutigen Andeutungen ganz auf die Spitze
treiben und dort unerlöst stehen lassen.

Das Comeback eines Sängers ist oft schon
sein Abgesang.

Büchners Revolutionsgeist ist heute so steril
wie die Revolutionsangst seiner alten Gegner.

Die Meisten von uns und die Meister von uns.

Ein Brotbrett vorm Kopf ist noch
kein Mittagstisch ohne Beine.

Mein Leben ist wie der Weltraum ein
Kontinuum mit unendlicher innerer Tiefe:
Zwischen je zwei Teilpunkte lassen sich
noch unendlich viele Pointen legen.

Arme sind keine „Sozialpartner", sie werden
offen als „sozial Benachteiligte" einbekannt.

Seit Nietzsche ist das Comeback des Aphorismus Heraklits in die Philosophie nicht mehr
rückgängig zu machen, doch fortan bitte ohne
atheistischen Machtwillen des Übermenschen
und Ewige Wiederkehr des Immergleichen.
Mein *aphoristic turn* der Philosophie ist kein
Return zu Wittgensteins konformem Sprachspiel oder zu Heideggers verkehrter „Kehre".

Eine Geliebte hat dich beim Sterben vermisst?
Dann wirst du sie nun lebenslang vermissen.

Lachen tut gut, wenn du nie vergisst,
was du niemals verspotten könntest.

Natur. Kann man denn etwas machen an dem,
was man aus etwas machen kann?

Mathematische Logik erlaubt als *Hesses*
„Glasperlenspiel" auch heute ein Überwintern
im diktatorischen Zeitgeist.

Mein philosophisches System ist offen, weil
die Anzahl *abduktiver* Aphorismen so unab-
schließbar ist wie jede Induktion und so wenig falsifizierbar wie regelrechte Deduktion.

Böckenförde-Diktum. Habermas kommt ohne
religiöse Sinnpotentiale nicht aus, kann aber
nur religionslose Religion brauchen, spirituell
wie alkoholfreie Spirituosen. So wird nach-
metaphysischer Humanismus zu gottverlasse-
ner Mystik, Kommunion zu Kommunikation.

Ich führe. Jeder tritt mir in den Arsch.

1001. Nacht gegen die erste Macht im Staate:
Mit Geschichtenerzählen das Todesurteil
aufschieben : Eine orientalische Spielart
unsterblicher Künstler.

Sindbad, Ali Baba. Aladin. Jungfrau Schehe-
razade hätte beim Sultan durch Aphorismen
nicht einmal die zweite Liebesnacht erlebt.

Orientierung kommt vom Orient.
Von Indisch über Persisch und Arabisch
zu Französisch und zurück zu Islamisch:
Überlebenskunst der 1001. Nachtphantasie.

Der Sultan gab sich ja erst mit 1001 Fort-
setzungsgeschichten zufrieden, die Pest zu
Florenz gab sich bei Boccaccio schon nach
hundert Liebesnovellen geschlagen.

Gilt philosophischer Realismus im Makro-
kosmos des Alltags und Kants Idealismus
nur im Mikrokosmos des Quantenspuks?

Reiche sind unkultiviert, Arme unzivilisiert
und Künstler meist beides.

Nutz deine Freiheit – und weg ist sie!

Gefällt mir, was ich mir gefallen lassen soll?

Jeder ist Schriftsteller, bevor er zu lesen lernt.

Aphoristiker verfehlen jedes Thema, oder
das fehlende Rhema vergreift sich an ihnen.

Finde Sachen und Sätze, die noch niemand
erfunden hat und erfinde schon Gefundenes.

Wissenschaft löst Rätsel durch größere Rätsel

Wenn ihr nicht werdet wie die Kinder ...
Logik gilt nur, um den Unsinn von allem
zu zeigen. Der kindliche Sinn für Unsinn
ist der stets banale „Sinn des Lebens".

Hegel systematisierte französische Aufklä-
rungsbonmots des Verstandes zu spekulativen
Urteilen der Vernunft, von Schlegels roman-
tischen Fragmenten wieder zertrümmert.
Romantik vollendet die Klassik und Kunst,
die sich nur aphoristisch fragmentiert
in philosophische Form aufheben kann,
die Kunst und Wissenschaft zugleich ist,
Kennen und Können statt Tun und Schuften.

Doch Schlegels Katholizismus bleibt so blind
wie Hegels preußischer Protestantismus,
Klöster à la Thomas und Fabriken à la Luther.
Wann wird es ismaelitische Gnome geben
als proletarischen Geist unter dem Himmel?

Der *Freigeist* ist so aufgeklärt, dass Kirchen
ihm so dunkel bleiben wie Schwarze Löcher.

Aphorismus : verfehltes Rhema
zum befohlenen Thema-Schema.

„Was bin ich?“ – „*Schön.*“ – Geht es etwas
genauer?“ – „*Nicht ganz so hübsch.*“

Antike sah Schönheit nicht im schrankenlos
Entgrenzten. Schön ist maßvoll Beschränktes,
in dem das Unendliche endlich Umriss findet.
Wo ich ende, da beginnst du, und wo du auf-
hörst, fange ich an. Das ist der tiefe Sinn der
hohen Mauer zwischen uns. Nur vom gegne-
rischen Gegenüber her bist du, was du selber
unverwechselbar bist. „Bei-mir-selbst-sein-
im-Andern“ hieß es in Hegels Dialektik. Auf
der Grenzlinie der Mauerkrone stehend bist
du die Einheit von Eigenem und Fremdem.

Pipopeia, wenn der Pi von Pa in den Po fließt.

Sozialhygiene lenkt ab davon, dass Arbeitswelt kranker macht als andere Umgebungen.

Ist Kultur der Fortschritt vom Figaro-Friseur nebenan zu Mozarts Figaro-Oper?

Krieg ist die Diplomatie des Militärs,
Diplomatie der Papierkrieg der Zivilisten.

Mauern aus Stahl stürmst du,
Mauern aus Papier stützt du?

Nietzsches philosophische Aphorismen sind Rückzüge auf perspektivische Meinungen, schrankenlose Wendigkeit zwischen Ab- und Zuwenden. Sein Übermensch ist ein Sprücheklopfer, der zwischen Liegen und Fliegen schreibt, zwischen Albatros und Cesare Borgia, Dionysos und „Freigeist“ : „Formen der Ewigkeit“ in der „Ewigen Wiederkehr des Gleichen, Doxai gegen platonische Ideen.

Die „schöne Seele“ in objektloser Innerlichkeit, also Fr. Schlegels ironische „Bosheit“, steht in Hegels „Phänomenologie des Geistes“ gleich vorm Übergang ins „absolute Wissen“ von Kunst, Religion und Philosophie.

Hegel will Schlegels ironische Selbstvernichtung noch einmal ironisieren als Tod für das
Volk. Ich lasse mich vom großen Ganzen aufsaugen, das ich zugleich aufsauge und distanziere. Das abgesonderte Subjekt opfert sich
für die übergreifende Subjektivität der Allgemeinheit. Aber romantische Ironie ist nicht
nur einseitiger Subjektivismus, sondern auch
Einheit von Subjekt und übergriffenen Selbstobjektivierungen. Bei Hegel wird ironische
Distanzierung nur eine Objektivierung zum
bloßen Exemplar seiner Gattung.

In Demokratien herrschen schon bei den
alten Griechen alle außer dem gemeinen Volk
selbst. Wahre Laiendemokratie heißt dort
Ochlokratie ohne Sklavenwirtschaft.

Schlegels Fragment führte Hegels Vernunftspekulation wieder zurück auf die Verstandesreflexion der (französischen) Aufklärung.

Der Aphorismus ist mit jedem seiner vielen
Themen immer rasch fertig, geht aber durch
kurzes Rhema auch auf jedes konkrete Thema
ein, statt pauschal alles Gold oder Scheiße zu
finden. Jeder steht vielen Dingen gegenüber,
sieht dann viele Aspekte desselben Dinges
und spricht über die Art, in der er über alles
spricht – und auch darüber.

Nietzsches Übermensch entstammt ja nicht
der Herrenrasse, sondern wie Jesus der Unterschicht, einsamer „Albatros“ überm Himmel.

Tigerkrallen sind nur ironische Samtpfoten,
laut Hegel gegen Schlegel.

Das Kind ist gut, Jugend soll gut werden
und Alter will gut sein?

Für Hegel ist „übergreifend“ Subjektives nur
die Form, in der Platons substantielle Ideen
angeeignet werden, das einseitig Subjektive
hingegen das Zufällige der objektiven Fakten.
Der eine opfert sich für das Wesentliche, der
andere spielt damit und unterwirft sich dem
Unwesen(tlichen) auch seines eigensten Ichs.
Unruhige Reflexion von zwei Selbstbewusst-
seinen ineinander wird zur ruhigen Eintracht
im selben Einzelstaat, der die Allgemeinheit
und jeden Sonderfall still ineinander spiegelt.

Umgreift der Geist Individuum und Allgemeinheit, oder lebt die Allgemeinheit in der
gegenseitigen Anerkennung selbstbewusster
Individuen, die nur durcheinander sind, was
jedes für sich ist? Der Begriff in jedem seiner
Objekte oder als Einheit seiner Objekte.

Ich objektiviere mich in einem anderen Subjekt, um es auch anzuerkennen und nicht nur zu objektivieren. Ich muss mein Gegenüber, das nicht nur Gegenstand ist und in dem ich mich (an)erkennen will, zugleich vernichten und schonen, während die ironische Distanz in allen nur Exemplare von Gattungen sieht.

Nennt sich *Ich* nur das Untier, das in einem Menschen gerade die Oberhand gewinnt: Balgen sich Kinder dort um das Privileg, *Ich* sagen zu dürfen?

Der Aphorismus spielt mit allen objektiven Fakten und Standpunkten, um ihnen die Schwere zu nehmen, entfremdet sich in sie probeweise nur hinein, um sich locker aus allen Rollen wieder zurückziehen zu können. Schöpferisch vernichtend, kreativ destruktiv, auf der Suche nach der großen Sache, für die er seinen Witz freiwillig opfern könnte …
Er spottet jeder Beschreibung, bis er zurecht selbst verhöhnt werden muss, spottet sich aus allem tragischen Lebensernst heraus, indem seine habitualisierte Skepsis allen gesellschaftlichen Übereinkünften den Boden der Tatsachen entzieht, wenn er Selbstgewissheiten irritiert, mit frappanten Paradoxen überrumpelt, statt die von Gefühlen Überwältigten argumentativ zu überzeugen, Charaktermasken entlarvt, Problemlösungen problematisiert

Er zeigt Übervertrautes in ungewohnter Beleuchtung, ächtet zu Unrecht Geachtetes und hochachtet Geächtetes, Er scheitert eher an seinen und deinen Affekten als an intersubjektiv anerkannten Fakten. Er spielt nur poetisch mit naturwissenschaftlichen Tatsachen, den höchsten Objektivitäten der Neuzeit, und suspendiert im Test deren Wahrheit. Der Sentenzenschleifer steht in den Dingen über sich und ihnen, im Spruch reitet er sein Elend. Sein Gewicht liegt darin, alles Gewichtige und Schwerfällige leichtfüßig zu machen, das Gewicht der Welt existenziell zu dementieren. Kokette Ruhmsucht der philosophischen Akrobatik will künstlerische Originalität, wissenschaftliche Entdeckungshypothesen und religiöse Verankerung zusammenspannen, mit Kennen und Können gegen seinen Zeitgeist. Der Gnomiker als Komiker sucht sich als ausgeliefertes Individuum gegen die Gleichgültigkeit von Universum und Gesellschaft zu behaupten. Er will mit doppelt „reizenden" Büchern ins Buch des Lebens eingetragen werden, um nicht umsonst gelebt zu haben: Affekte erst überleben, dann in willkürlicher Artistenmetaphysik aphoristisch auswerten … Rächt sich die Welt am Eremiten, der sie entwertet? Wie schafft sich der durch Verausgabung Vereinsamte ein stabil banales Standbein neben seinem erhaben labilen Spielbein? Es steht die Ruhmsucht der Selbstvergeudung gegen Sehnsucht nach Selbstbewahrung.

Schlegel schrieb Aphorismen, weil sein Philosoph Fichte sich immer wieder neu vom Denkanstoß durch ein einschränkendes Nicht-Ich abstoßen musste, um den Spielraum seines Ichs zu behaupten. Sukzessive Iteration der potenzierten Reflexion von Reflexionen kann nur fragmentiert gelingen wie Fichtes transzendentaler Zirkel der Einbildungskraft, die als Urteilskraft triumphiert. Schritt für Schritt setzt er ein neues Nicht-Ich, um sich davon abzusetzen als endlos reflektiertes Ich.

Sinnig lebt, wer weder zu Sinnloses noch
zu Sinnvolles oder (Über-)Sinnliches tut.

Wenn die Negation des Schlimmen nichts
Schönes, sondern noch Schlimmeres ergibt,
handelt es sich vermutlich um Fortschritt.

Adorno positionierte sich mit Schlegels und
Valérys Fragmenten gegen Hegels System,
doch leider auch für Nietzsches Aphorismen
ohne Aufklärer Lichtenberg und Christ Pascal

Meist scheißt dein Geist auf alles, was feist
und beißt und nicht wie du selber heißt.

Ist es zu fassen, dass keiner je zu fassen ist?

Harm und Gram von Schwarm im Darm
Bizarre Philosophien des Grotesken

Nietzsche und Wittgenstein versteckten ihre
Homosexualität in abertausend Fragmenten.

Menschsein ist oft Tarnkleid eines Untiers,
das mit Messer und Gabel fressen kann.

Minimoralisierte Mamakind Adorno, weil er
Nominalist war, der sein Ich gegen die Allgemeinheit aphoristisch behauptete, durch
immer neue Hochsprünge in den Ur-sprung?

Der Fortschritt löst mehr Probleme aus,
als er löst.

Theologie : Unkrautjäten im Garten Eden?

Müsste der Schwache mit aller Macht sich
aller Macht demütig beugen, die sich demütig
dem Allmächtigen beugt?

Schüttet denn ein Schütt hier erschüttert
sein verschüttetes Herz aus?

Deine Philosophie als aphoristische Selbstdarstellung der geistigen Lebensgeschichte ist
intellektuelles Spiel und existenzieller Ausdruck zugleich, wo sie Schlegels Ironie, Novalis' Magie, Nietzsches Vogelflug und Wittgensteins alltägliche Sprachspiele versucht.
Deine subjektiven Fakten, die nur du sagen
kannst, kommen ebenso zur S(pr)ache wie
deine Stellungnahmen zu objektiven Tatsachen, die jeder an deiner Stelle ebenso sagen
könnte, wie H. Schmitz formuliert. Deine Gefühle, die nur dein eigenes Herz kennt, sind
nicht deine Gedanken, die nicht nur dein eigener Kopf kennt. Ich kenne nicht deine
Schmerzen, aber deine Scherze darüber. Die
Grenzen der Logik sind eben nicht die Grenzen der Welt, aber dein Aphorismus ist keine
solipsistische Privatsprache oder ein regel-
rechtes Sprachspiel wie Schachspiel, sondern
objektiver Spiegel einer Subjektivität und
subjektiver Spiegel der objektiven Welt, dein
Stöhnen über deine Übelkeit und dein Höhnen
über die üble Welt zugleich. Er ist etwas mehr
als ein naturwissenschaftlicher Lehrsatz oder
bloßes „Ach und Weh!".

Dialektik ohne Dialog? Der aphoristische
Monolog deines individuellen Selbstbewusst-
seins sucht philosophische Relevanz, indem
Hegels narzisstischer Geist, bloßes Selbstbewusstsein in jedem Bewusstsein, nicht nur
panlogisch fortschreitet von einem Gehalt

zum nächsten wie bei Fichte, sondern auch
immer geistreichere Gestalten lernt, bis die
geistvollste Erzenzyklopädie aller Weisheits-
kritiken erreicht ist mit dem Tod des Aphoristikers. Hegels Synthesis des Heterogenen, die
Einheit von Einheit und Widerspruch, die
Verbindung von Verbindung und Entzweiung,
wird immer langweiliger wie Maschinenge-
klapper, zugleich so willkürlich oktroyiert
wie die Phänomenologie die soziohistorischen
Gestalten der Bewusstseinserfahrung auseinander hervorzaubert ohne innere Notwendig-
keiten. Dass es von der schönen objektlosen
Innerlichkeit in Schlegels Eitelkeitsironie un-
vermittelt zum absoluten Geist geht, ist des-
potisch erschlichen wie viele Kapitelübergän-
ge an bestimmten Epochen festgemacht sind.
Das ist geistreich wie bei Schlegel, aber eben
auch nur romantisch ironische Beliebigkeit
ohne belastbare Allgemeingültigkeiten.

Dialektik im Dienste des empirischen Ich, das
sich behaupten will auch gegen den objektiven Geist der Gesellschaft, und nicht Mystik
der schönen Seele, die alle konkrete Äußer-
lichkeit abweist, sondern Schritt für Schritt
geistreich durchackert, sich vom jeweiligen
Stoff bestimmen lässt, um ihn selbst zu bestimmen, und sich dazu bestimmt, sich vom
ihm bestimmen zu lassen : Ich weiß von dem,
was alle wissen, und noch etwas anderes, das
nur ich selber sehe.

Ich sehe in dir, was du nicht siehst, und das
sagt nicht nur etwas aus über mich, sondern
auch über alle, die es bisher zu wissen glaub-
ten. Jeder aphoristische Spruch ist Ein- und
Widerspruch gegen die logische Arrondierung
der ganzen Wahrheit des Ganzen.

Umso schlimmer für Schlegels Einfälle, „umso schlimmer für die Tatsachen“, wenn Hegels System auch nur eine Tatsache u. a. ist,
umso schlimmer für die ironische Falschheit
seines Systemtotalitarismus. Die Sache selbst,
die sich in seinen Begriffen vermeintlich
selbst bewegt, ist Hegels S(pr)ache, die Rache
an der Ur-Sache nimmt.

Hegels System zeigt die Geschichte (auch der
Philosophie) als die Fortschrittsgeschichte des
Geistes der Vollendung. Schlegels Fragmente
hingegen zeigen die Weltgeschichte als fort-
schreitende Verfallsgeschichte einer vollendet
göttlichen Ursprungsschöpfung, als Zulaufen
auf geistloses Verenden. Der Ironiker zeigt
die Dialektik nicht nur der Aufklärung, sondern auch des Fortschritts und des spekulativen Vernunftidealismus selber. Zwischen dem
Goldenen Zeitalter der Steinzeitnomaden und
einem „universalen Verblendungszusammenhang der verwalteten Welt“ *(Adorno)* in den
Hochkulturen liegt die bloße Entfaltung der
Paradiesvertreibung in Depravationsetappen.

Der geistreiche Satz ist eben nicht nur äußerlicher Zusatz zur Welt, die Tat nicht nur Zutat zu den Tatsachen, sondern inzwischen auch deren innerstes Wesen. Der Witz wird geistreicher, je mehr Reichtum im Reich des Empirischen zu durchforsten ist. Er macht das Empirische intelligibel, indem er die abstrakte Allgemeinheit sinnbildlich konkretisiert. Deine einseitige Subjektivität als übergreifende Totalität ihrer Objekte erstrebt Allgemeingültigkeit in geistreicher Originalität und auch exzentrische Individualität an eingeschliffener Banalität. – Das aphoristische Werk eines Autors ist keine „blinde Sammlung von Einfällen" (Hegel), sondern gewitzter Fortgang von geistreicher Erscheinung zu geistlosem Unwesen, von sinnentleerter Substanz zum sinnlich sinnvollen Subjekt. Die Aphorismen wollen Momente einer geistreichen Idee sein. Jeder suspendiert tendenziell die vermeintlich innere Notwendigkeit der S(pr)achzwänge im Fortschreiten von Hegels Geist und entlarvt ihn als romantische Ironie selber.

Der Pöbel der Reichsten und der Pöbel der Ärmsten zieht sich vom Gemeinwesen zurück, um an sich selbst zu verfaulen. Marx sprach vom Großkapitalisten und Lumpenproletarier. Heute spricht man nur von leistungselitärem und prekärem Sozialpartner. Hegel setzte auf gutbürgerliche Mitte, Jesus hingegen auf die Armen im Beutel wie im Geiste.

Hegels letzte „Demokratie der Arbeit" (1830)
und Marxens „Diktatur des Proletariats" sind
Verfallsformen des Steinzeit-Nomadentums.

Ein Individuum sollte nur Individuelles
allgemeinverständlich äußern oder All-
gemeingültiges auf individuellste Art.

Wir träumen vom Erwachen, doch die Realität
realisiert sich nur durch Träume.

Über Volksentscheide wird so wenig
vom Volk entschieden wie deine freie
Entscheidung von dir.

Unsere Achtung und Hochachtung vorein-
ander ist längst ersetzt durch Beobachtung,
um mehr Beachtung zu ergattern durch jene,
die Verachtung bis Ächtung verdienen.

Komisch gnomisch. Ist immer gleich dumm,
eitel und böse, was nicht beweisbar allge-
meingültig auftritt in Theorie und Praxis?

Der Aphoristiker versucht lediglich, sich als
Individuum gegen gesellschaftliche Geltungs-
ansprüche einen Geltungsrest zu verschaffen.

Kant und Hegel wollten sich lieber abhängig
machen von der Mode als von der Natur.

Ein Individuum ist jemand, der als Ausnahme
jede Statistik bestätigt.

Der klügste Bauer hat
die dümmsten Abnehmer.

Dich selbst musst du erst übertreffen,
wenn du andere nicht mehr übertriffst.

Wenn die Alchemie nicht stimmt,
bleibt selbst Goldmarie nur goldlackiert.

Keine Lösung ist immer die beste Lösung.

Nur zwei Philosophen haben nach dessen Tod
so virtuos dialektisch denken können wie ein
Hegel : Th. Adorno mit „Negative Dialektik"
(1966) und Jean-Paul Sartre mit „Kritik der
dialektischen Vernunft" (1960). Beide schrie-
ben ästhetische Spätwerke : „Ästhetische The-
rie" (Adorno, Nachlassfragment 1970) und
die Flaubert-Studie „Der Idiot der Familie"
(Sartre, Fragment 1972).

Beide verbinden Kunst und Philosophie ohne Religion, die Formen von Hegels „absolutem Geist. Sartres romantische Ironie beschränkt sich subjektdialektisch auf die distanzierende „Néantisation" („Nichtung") aller objektiven Fakten und Objekte. Erst das Werk von 1960 kennt die potenziell totalitäre Dialektik von Allgemeinheit, Partikularität und Individualität, während die *Selbstvergegenständlichung* nur in Schriften und Happening-Engagements besteht. Adornos Denken ist essayistisch und aphoristisch, während Sartre den Aphoristiker Jules Renard 1955 nur als „gefesselten Menschen" und „wortkargen Bauern" einer (tendenziell faschistoiden) „Literatur des Schweigens" kritisiert).

Nach dem Zusammenbruch des Sozialismus sollte wieder der „religiöse Kern" in der rationalisierten Hülle der marxistischen Dialektik rekonstruiert werden.

Peter Sloterdijk : Wie lassen sich aus Stoffen stammende Riesenkräfte (Titanen), die Stoffe formen, selber in lebenswerte Form bringen?

Idealistischer Aufstieg : Affekt, Empfindung, Anschauung, Vorstellung, Begriff, Urteil, Schluss, Idee, Natur, Geist …

Aphoristiker wollen „banale Ereignisse aus ironischer Distanz so darstellen, dass sie interessant erscheinen." (W. Engler über Jules Renard)

Ist der naturbeherrschende „universale Verblendungszusammenhang der verwalteten Welt" (Adorno) die konkrete Objektivierung der modernen mathematischen (statt wie bei Hegel aristotelischen) Logik?

Ordnungsfuror der Saubermänner wird oft der Vandalismus selber, den er bekämpft.

Steht nun jedermann zwischen dem Schöpfer und der Schöpfung oder die Schöpfung zwischen jedermann und seinem Schöpfer?

Multi didiscimus. Wenigstens darf Leben davon ausgehen, dass von *Sloterdijk* und anderen Prognostiziertes nie eintreffen wird.

Aphorismen sind Würmchen, die in allem den Wurm sehen und gegen faulen Zauber foulen.

Du neigst nicht zu Zuneigung, welche sich verneigt vor größerer Macht, die nicht zur Neige geht. Lässt Kunst Natur sprechen?

Feindseliger als der Fremde aus der Ferne
wirken Verwandte im eigenen Heim.

Aphoristische Absonderung und Abgrenzung
ohne Versöhnung und Verbrüderung, Gesetz
des Satzes gegen Zusammensetzung aller
Gegensätze, Ersatz und Einsatz für Absetzen
ohne Durchsetzen, Übersetzung von Sprache
in Widersprüche, Beisetzen der Welt im Satz.

Er kann Gefühle verletzen. Bald wird die
Woke-Generation den Aphorismus ächten.

Klausur macht Verdacht, dass Ausgeschlosse-
nen etwas geklaut und verheimlicht wird.

Roulette gilt als Teufelsspiel, da Satan sich
hinterm Zufall verbirgt und Gott laut Einstein
nicht würfelt.

L´aphorism-pour-l´aphorism. Zentralismus
neigt zu Totalitarismus, Regionalismus zur
Atomisierung : Pest oder Cholera?

Philosophie muss Satire auf ihre Themen
werden und rätselhafter als ihre Antworten.

Champagner ist das Trinkwasser der Reichen,
Gänsewein der Schampus der Ärmsten.

Aphorismen wollen mystische Epiphanien
sein, die narzisstischen Gleichstrom stoppen.

Sprachreiniger wollen Fremdwörter wie
Migranten abschieben, aber wer übersetzt
denn Muttersprachliches in Fremdwörter,
um gebildeter zu wirken?

Sozialer Aufstieg wirkt meist verstiegen
wie ein Thriller überspannt.

Wer dich statt sich erniedrigt,
kann dich nicht übertreffen.

Nachts liegst du neben der Geliebten,
oft völlig daneben.

Wer stets alles richtig macht, macht es falsch.
Er macht nicht auf sich aufmerksam.

Der Bessere zeigt sich, wo ein Sieg in seiner
Sportdisziplin weit über einem Sieg in deiner
Disziplin steht.

„Gebildet ist, in allem seine Unwahrheit
zu erkennen.“ *(Hegel gegen Schlegel)*

Man tut nie, was man wusste, weiß nicht,
was man tat, und fühlt sich durchs Leben.

Seine größte Schwäche lag darin, immer der
Stärkere sein zu müssen. Seine Stärke war es,
Schwächen zu zeigen, an denen ihm nichts lag

Halte nicht sicher etwas für etwas
und dich daran oder daraus!

Aphoristiker sind Pedanten der Pedanterie-
bekämpfung, systematische Systemgegner
und Individualisten in Massen.

Willst du dich nur benutzen, um Allgemein-
gültiges zu entdecken, oder dich zur Geltung
bringen, um es in neuem Licht zu zeigen?

Sartre : Polit-Engagement als l´árt-pour-l´art.
Und Hegels „Phänomenologie“ machte jeden
Kapitelübergang zum philosophischen Witz.

Aphoristische Wahrheit ist Selbstzweifel
der Skepsis gegen ihren Skeptizismus.

Verfolgen wir mit Erfolg Ziele, weil wir
von fremden Interessen verfolgt werden,
oder umgekehrt, und folgt ein Moment
nun aus vorigen oder auf vorige?

Sartres *Fürsich* flieht vorm *Ansich* und will
sich zugleich vergeblich mit ihm vereinen.
Zwischen beiden ist nichts – als das Nichts.

Die Gleichgültigkeit, mit der Hegel Natur-
landschaften begegnet, bringt er auch der *faulen Existenz* zufälliger Individuen entgegen.

Bangemachen gilt. Wer unassimilierbare
Flüchtlinge abschieben will, will oft nur die
Folgen seiner Weltausplünderung verdrängen.

Kann ich wählen, was mich auswählt, sich in
mir breitzumachen, und wer oder was wählt
mich weshalb aus, frei wählen zu dürfen?

Ich bin eine Einheit von mir und mich, zwischen denen nichts ist als das Nichts selber,
ohne in Identität und Differenz zu zerfallen.

Lebenslange Lebensangst schreibt in ihrer
Nische Bücher für ein Nischenpublikum.

Ein freudiges Ereignis eignet sich nur noch
dazu, sich anzueignen, was man eräugt.

Die geistreichen Habenichtse aller Weltreiche
ins Himmelreich, die Reichen ins Erdreich:
Reicht das als Christentum?

Die schwankende Menschenwelt ruht auf
festem materiellen Fundament, das auf mikro-
kosmischen „Quantenfluktuationen“ wankt,
deren Zufall ein Spitzname des Schöpfers ist.

Die skeptischen Aphorismen der Aufklärer
kommen zur Ruhe in Hegels Geistessystem,
das von Schlegels geistreichen Fragmenten
wieder in kritische Unruhe versetzt wird.

Dein unruhiges Ich will ja zur Ruhe kommen
in festen Werken, die von deiner Unruhe aber
ewig durchzittert bleiben. Ich werde nie mein
Werk, ohne mich in ihm zu begraben, aber
auch nie mehr als meine Werke, die ja mehr
sind als Untaten gegen alle Tatsachen.

Kannst du nicht mehr ausgehen, musst du
nicht gleich eingehen. Kann es nicht angehen,
dass du nicht immer gleich abgehen musst?

Du liest und bist von Aphorismen ganz weg,
oder missbrauchen sie die Welt als bloßen
Auslöser ihrer eitlen Randnotizen?

Wer vom plötzlichen Tod geliebter Menschen
erfährt, glaubt die eigene Todesnachricht oft
gleich mitzuhören.

Gegen Wittgenstein folgen ethische Untaten
aus wissenschaftlichen Tatsachen. Wird der
linguistic turn ein Return zum Unsagbaren?

Aphorismen schaffen neue „absolute Metaphern" (H. Blumenberg) der Metaphysik. Ihre
andeutenden Deutungen unverifizierbarer und
unfalsifizierbarer Urteilsbedeutungen lassen
jeden Satz ex negatione indirekt von seinem
Gegensatz sprechen : Die Fragmente als bloße
Symptome ihres Systems. Verdichtung alles
Zerstreuten in einer Sentenz führt zur Verstreuung aller fragmentierten Verdichtungen
in einem Aphorismenband. Aphorismen relativieren einander zu Scherben eines Absoluten, das jeder einzelne Splitter repräsentiert:
Grundgefühl in tausend Abgrundgedanken?
Der Aphoristiker schreibt ständig diaristisch-
chronologisch an einem einzigen kulturellen
Buch seiner Natur, das bei seinem Tode als
fragmentiertes Fragment vorliegt − wie etwa
fast immer bei Sartre.

Die Aphorismen psychoanalysieren bei jeder
Assoziation den Widerstand gegen das darin
Verdrängte sogleich metasprachlich indirekt
mit. Potentiell unendlich viele Maximen kon-
kurrieren instabil um Identität mit demselben
Ganzen aller Ganzheiten. Induktion aller per-
spektivischen Geschmacksurteile führt nie zur
Verifikationsgewissheit, doch jedes Gegen-
beispiel bestätigt und widerlegt ihre Regel
zugleich. Kant betonte gegen Hegel die Un-
entrinnbarkeit und begriffliche Unauflöslich-
keit aller dialektischen Widersprüche in den
„Ideen“. Und aus aphoristischen Spielkarten
lassen sich weder Landkarte noch Sternkarte
zusammensetzen. Das Weltbild muss als ein
Lebensgefühl wohl schon allen Begriffen und
Bildern transzendental vorausgehen.

Mit dem Mut der Verzweiflung kämpfen
auch und gerade Feiglinge.

Manche Aphorismen sind Sprachkunststücke,
welche nur die Lebensleistungen ihrer Leser
herabsetzen wollen, aber können Hoch- und
Weit- und Ursprünge einander übertreffen?

Dass jeder nur seine eigene Meinung hat,
bedeutet, dass eine davon die objektive
Wahrheit sein könnte.

Die Heiligen der Kirche werden heute mehr
verachtet als ihre schwärzesten Schafe.

Heilige sind die Helden des Guten,
Helden oft Satans Heilige.

Jeder versteht alles durch das Einzige,
von dem er gar nichts versteht.

Kommt einer durch Mutter Natur zu Gottvater
oder umgekehrt, oder verbirgt dir eine Macht
nur die andere?

Falsche Sätze über gute Dinge
sind schlechte Vorsätze mit ihnen.

Werdet wie die Kinder in euch, das Himmelreich, das auf jedes Erdreich neugierig ist.

Naturschwärmer sehen das Blümlein zu ihren
Füßen, aber nicht die Hölle unter ihren Füßen.

Ein guter Witz ist so unwiderstehlich
wie ein Gefühl tief.

Bist du soweit deiner Zukunft voraus
wie hinter deiner Vergangenheit zurück?

Aphorismus : kreativer Sprachvandalismus
gegen destruktive Sozialkonstrukte.

Wenn nichts mehr zu machen ist, macht
man Aphorismen. Aber auch und gerade,
wenn Besseres zu tun wäre.

Hegels systematischer Geist glaubt sich
soweit über Schlegels geistreiche Fragmente
erhaben wie Schlegels Heiliger Geist über
Hegels idealistische Christologie.

Folgen Gedanken auf Gefühle oder aus
Gefühlen, und ist ihre Einheit nur eine Idee?

Der Aphorismus bricht als das Bruchstück
eines großen Ganzen mit allem Totalitären,
übersteigt jedes menschgenachte Sozial- und
Geistessystem und überschreitet sich selbst
auf das gotterschaffen Ganze der Welt hin.
Wo das Ganze vollständig realisiert ist, ist
seine Unvollkommenheit gnomisch zu zeigen.
Die Scherben sind nicht mehr die ganze Tasse
und werden niemals wieder die ganze Tasse.

Das Fragment zielt aufs gottgewollte Ganze
und flieht jede menschgemachte Totalität.

Der Aphorismus ist ein ganzes Weltbild in
einer Nussschale, die dem großen Ganzen
der „großen Welt" entgeht.

So vereinen sich System und Systemlosigkeit.
Das ganz(heitlich)e Himmelreich ist kein
ganz materielles Erdreich. Hegel glaubte, den
systematischen Himmel auf Erden zu sehen,
Schlegel richtete in jedem Satz das Himmelreich gegen alle Weltreiche. Frühromantische
Fragmente sind noch nicht das große Ganze,
französische Maximen nichts mehr Totalitäres

Schlegels Fragment ist offen *zum* Ganzen
der Wahrheit, Adornos Aphorismus ist frei
von der Unwahrheit des Ganzen. Das Ganze,
das Novalis nur andeutet und indirekt anzielt,
hat der „Sentenzenschleifer" schon system-
sprengend hinter sich.

Hegel kennt Dialektik nur durch tödliche Dif-
ferenzen hindurch, nie durch Differenzierun-
gen. Gibt es *organisierten Widerspruchsgeist*
auch als Idealismus der bloßen Unterschiede,
als Auseinander ohne Gegeneinander?

Lassen Musen mich mein Werk erschaffen
und durch das Werk hindurch mich selbst?

Ist das Unendliche präsent in jedem Fragment
oder in der erfolglos endlosen Folge fragmen-
tierter Fixierungen, deren jede sich aufhebt?

Ist Hegels Geistessystem der Wissenschaften
ein besserer Universalwitz von Witzen als das
Gesamtwerk eines geistreichen Aphoristikers?

Mit jedem Sinnspruch deutet der endliche
Aphoristiker auf die Endlosigkeit seiner Ge-
schöpfe und den unendlichen Weltschöpfer.

Der Aphorismenband braucht mehr *Zeit*,
als der Einzelaphorismus *Raum* einnimmt.
Genieße den polyphonen Kontrapunkt in
seiner Sinfonie! Er ist ein witziges Chaos von
kosmischen Chaosbändigungen als Kosmos
von chaotischen Kosmos-Selbstauflösungen.

Ironie als Einheit von Witz und Allegorie.
Witz realisiert die einzelne Einheit disparater
Einzelheiten. Das Absolute über Subjekt und
Objekt wäre ironisch die allegorisch weise
Einheit aller gewitzten Vereinigungen.

Aphoristischer Witz vereint wirklich, was
als Einheit aller Witze nur anzudeuten ist.

Jeder Aphorismus weist über sich hinaus zum
Widerspruch im nächsten und durch alle fol-
genden aufs Unendliche als Witz aller Witze.
Unendliches symbolisiert sich in endloser
Reihe von Endlichem, Ewiges als Zeit im Nu.
Universelle Wahrheit realisiert sich pointiert
in allen individuellen Aphorismen ganz. Aber
Urteilskraft und Geist bestimmen, was da die
Einbildungskraft an Unvereinbarem gewitzigt
verknüpft. „Synthesis des Mannigfaltigen“ im
Witz : Symbol des „transzendentalen Ideals“?

Idealismus ist aphoristisch oder Mathematik.

Offenbart Unendliches sich ironisch gewitzt
durch endlose Defizite beschränkter Witze?

Frühromantische Ironie macht den fortgesetz-
ten Satz, die Einheit seiner Gegensätze, zum
Gesetz der Weisheit des „absoluten Wissens“.

Chaotische oder instabile Vielfalt aller
Einzelfragmente, unabzählbar oszillierend:
Minutengenie als Jahrhundertdummheit?

Das Verstehen eines Sachverhalts wird im
Aphorismus zum Kapieren eines *Witzverhalts*.

Mein Weltbild bleibt im Aphorismus bei aller
Sachbezogenheit meine Schöpfung und sach-
gerecht bei aller Originalität, da ich mehr und
ander(e)s sehen kann als meine Gesellschaft.

Philosophie soll wissenschaftliche Theorien
durch naseweisen Aberwitz ersetzen, welcher
Unvereinbares unter einen Allgemeinbegriff
subsumiert, wo darunterfällt; was ihn sprengt.

Philosophie ist weder panlogische Deduktion
noch Verifikation durch endlose Induktionen
und auch nicht *Poppers* Falsifikation durch
Ausnahmen, welche Regeln nur bestätigen.

Das Fortschreiten der wissenschaftlichen
Forschung geschieht von Teilwissen zu Teil-
wissen, der Fortschritt der Philosophie von
Witz zu Witz zur Lebensweisheitskritik.

Jeder aphoristische Begriff ist ein Vorgriff
auf dessen komplette Bestimmung durch alle
und begründet und/oder widerlegt stückweise
jedes andere Begriffsbild eines Autors.

Jedes Fragment (emp)findet sich als bloßes
Anfangsstück seiner selbst und seines Autors.

Behauptungen führen zu skeptischen Selbst-
dementis auf dem Umweg zu wachsenden
Wahrscheinlichkeiten jenseits bloßer Logik.

Gibt es so endlos viele potentielle Aphorismen wie empirische Fakten und Theorien?
Dann wären Witze so kontingent wie Fakten.

Nichts ist unbegreiflicher als der begriffliche
Angriff ohne übergriffig Greifbares.

Die Ableitung von allem aus einem Grundsatz
wird zum Abgrund endloser Sätze. Wirf Wittgensteins Fragmentleiter weg nach Erkenntnis
der Unersteigbarkeit „absoluten Wissens".

Gewissensgewissheit. Am Ende leitete *Fichte*
Es, Ich und Nicht-Ich von seinem Über-Ich ab

Der Fortschritt des forschen Aphoristikers ist
nicht das Fortschreiten des Forschers durch
trial and error, sondern von Witz zu Irrwitz,
zum (witzlos?) unvollendbaren Universalwitz
aller Witze übers Universum.

Individuum ineffabile. Wie viele schöpferische Aphorismen schöpfen mich aus, bevor sie mich und sich erschöpfen?

Einsatz in einem Satz. – Aphoristische Praxis ist das aktivste Engagement des Philosophen. Sind ihre Einfälle Eingebungen von Musen oder Einstiege in hohe und tiefe Philosophie?

Der Fortschritt der Naturwissenschaften, um der Industrie zu dienen, hängt immer mehr ab vom Fortschritt der ihr dienenden Technik. Der Fortschritt der Philosophie, um einer Lebenskunst zu dienen, hängt leider noch nicht sehr ab vom Fortschritt aphoristischer Ideen.

Schlegel verteidigte die begriffliche Unausschöpflichkeit von Kants dialektischen Ideen gegen Fichtes (und dann Hegels) Deduktion der empirischen Wahrnehmung aus der Vernunft (deren Urteilskraft bei ihm zur bloßen Einbildungskraft degeneriert). – Eher übernahm er die bei Schelling nur Programm gebliebene *Kunst als Organon der Philosophie.* Kant versprach zwar, die kategorialen Urteils- und Gegenstandsformen, doch nicht die empirische Anschauung aus der *transzendentalen Apperzeption* des reinen Subjekts herleiten zu können, aber erst Fichte und Hegel taten das.

Ist Hegels Verschärfung von Kants *Synthesis des Mannigfaltigen* zur Einheit der Gegensätze nur die Rückkehr der These um Antithesen bereichert zu sich selbst – oder der „lachende Dritte im Bunde", wenn Thesis und Antithesis sich streiten? Hegel zieht ersteres vor.

Schlegels Fragmente können sich nie ganz freimachen *von* totalitären Tatsachen und *zu* ganzer Wahrheit. Sie oszillieren dazwischen.

Christoph Lichtenbergs „Sudelbücher" der „Pfennigwahrheiten" sind voller Konjunktiv-Hypothesen : Was wäre wohl, wenn … ?

Ein ganzes Weltbild passt in eine aphoristische Nussschale, von der es zugleich gesprengt wird, wie das Bild seinem Begriff lächerlich widerspricht, den er doch erfüllt.

Liegt dem Selbstbewusstsein ein präreflexives Selbstgefühl zugrunde, werde ich von mir selbst fassungsraubend überwältigt, bevor ich mich bewusst wieder fangen kann.

Die Autorität der heutigen Naturwissenschaften wird weit weniger angezweifelt als jemals die Autorität der Religion.

Deine Gefühle, die nur dein eigenes Herz
kennt, sind nicht deine Gedanken, die nicht
nur dein eigener Kopf kennt.

Gewinnt, ja – das Verlieren lieb!

Selbstkritik stinkt nach Eigenlob und -liebe.

Für Todfeinde baut man sich keine Luftkerker.

Die Erstbesten werden das Allerletzte sein, und
wer erst zuletzt lacht, wird als erster weinen.

Steht auf gutem Kriegsfuß mit dem Nächsten!

Bei Licht der Vernunft besehen ist es längst aus.

Man lässt sich immer nur die Sprache
durch den Kopf gehen.

Die Schlange im Paradies vertrieb uns
die Langeweile.

Bauern sind keine Kartoffelhelden.

Man kann nicht mal *einem* Selbstbeherrschten
dienen, und wer sein eigener Herr ist, bedient
sich selbst.

Tausend Bilder ersetzen heute *ein* Fremdwort.

Es bleibt selbst Sprücheklopfern unbekannt,
dass ich ein unbekannter Aphoristiker bin.

Seeleute sind fest auf Schiffen verankert.

Das Ausnehmen anderer bestätigt die Spielregel.

Hüte dich vorm Schweinehund, den du hütest!

Leute, geht unter – die Leute!

Geistvollste nehmen den Mund nie zu voll.

Unter Steppdecken steppt kein Steppenwolf.

Gehirnwäscher haben Waschbretter vorm Kopf.

Bedrabbeltes Mega-Meta-Gutachten

Philosophie hat Erfahrung damit, alle probat ausgearbeiteten Problemlösungen eines Sachgebietes zu problematisieren, statt Probleme einfach zu lösen. Sie stellt Antworten in Frage, statt Fragen zu beantworten. Eine Philosophie ist der Versuch einer Expertise zur skeptischen Beurteilung verfügbarer Expertisen von sachverständigen Fachleuten, eine Art von Schlechtachten über Gutachten. Laut *Odo Marquard* ist sie die Kompetenz zur Überkompensation ihrer eigenen Expertiseninkompetenz.

Geben alle Klimaforscher der Welt fachkundige und belastbare prognostische Expertisen zum "Klimawandel" bis hin zur globalen "Klimakatastrophe" ab, untersucht der Berufsphilosoph erst einmal betulich die "transzendentalen Bedingungen der Möglichkeit" solchen Experten(un)-wesens und Prognose-Expertismus, statt einem kontraproduktiven Panik-Alarmismus zu verfallen.

Schmiergeld für Schmierentheater

Wer nur nach allem Guten giert,
Wird angeführt und angeschmiert.
Wer Blut und Briefmarken leckt,
Der leidet bald an Schmierinfekt.

Mit Bieren schmiert man Nieren.
Es schmieren die Flieger ab
Wie Sieger ins feuchte Grab:
Narrenhände ohne Ende.

Wo man nacheinander giert
Mit schierer Stiersteife,
Geht es wie geschmiert
Mit mehr Schmierseife.
Mit noch mehr Schmierfett
Wird auch deine Gier nett
Im verschmierten Tierbett.

Ein Schmierfink ist das Tier,
Ein Schmierheft ist das hier
Mit eitel Schmierpapier.
Schmiert mir nur recht zart
Euren Honig um den Bart!

Nicht schmierig zu sein,
Wird heute schwierig sein.

Rossnatur mit Bosskultur
Hoppehoppereiter und so weiter

Der Pferdeapfel ist gesund,
kommt er nicht in meinen Mund.
Ein Zugpferd ist kein Nilpferd,
Rennpferd ist kein Wildpferd.
Wer reitet so spät durch Nacht und Wind?
Es ist das Karussellpferd auf seinem Rind!

Komm vom hohen Ross,
Herr und Chef und Boss!
Es reitet der Nerd
Sein Steckenpferd
Samt seinem Prinzip,
Das ist ihm zu lieb.

Nicht das Pferd am Schwanz aufzäumen,
Willst du dich als Bär aufbäumen!
Es liegt wohl das Glück der Erde
Mit großer Herrengebärde
Auf dem Rücken der Schaukelpferde:
Du musst nur Ross und Reiter nennen
Beim Zirkuspferderennen.

Seepferdchen klein und kess:
Ein Pferdefuß hat viele PS.
Pferde ganz ohne Herde
schmecken ziemlich *Merde*
auf dem eigenen Herde.

Arno Schmidt:
„Allem zum Anstoß, Keinem zur Freude ... Bei einem
anständigen Menschen lebt am Ende nur noch der
Kopf ... Ein anständiger Mensch schämt sich,
Vorgesetzter zu sein ...“

Weltmeisterschaft der ewigen Lehrlinge
Bedribbeltes WM-Drabble

Eine männliche WM in Philosophie sollte Friedrich Hegel
gewinnen.
(Eine weibliche WM in Philosophie hätte Hedwig Conrad-
Martius gewonnen.)
Eine WM in Tagebuchschreiben müsste Julian Green
gewinnen.
Eine WM in Musik würde Johann Sebastian Bach
gewinnen.
Eine Weltmeisterschaft in Kultur würde um 1800
Deutschland gewonnen haben.
Eine WM in Aphoristik dürfte Friedrich Nietzsche
gewinnen.
Eine Weltmeisterschaft in mathematischer Logik
könnte Kurt Gödel gewinnen.
Eine WM in Physik sollte Patentamtsangestellter
Einstein gewinnen.
Eine WM im Idyllenwettbewerb wollte Adalbert Stifters
"Nachsommer" gewinnen.
Im Weltmeisterschaftstreffen aller Sportarten
sollte der Denksport siegen.
Eine WM in Stümperei oder Dilettantismus
könnte mit etwas Pech jedermann gewinnen.

Hi´Story of Philogeloia nach Joy´ce & Schmidt

Nach Hera´klitoris und Sock´rat´Es kam die I´Dea
von Platt´Ton : Vollkommenes Uhrbild verkom-
mener Upbuilder im HöllengLeich´nis.

Deo´Retticker Ah´riß´tot´elles, Beck´ründer von
Meta´s Physis : Mater-ie in Form gebracht.

Genus(s)man´sch E-pickUhr : Lust oh´ne Frust.

Stummel´Ochse Tom´Ass d´Ack´Wien´ohh.

De´karrt´Es : Ich spinn, also bin ich. Cockido (a
t)ergo inversum. Coito, er´go uneversum à la carte.

Log´ick´er und PollyHisTor Leib´nix : M(on)aden
der Mona´dologen. GeisTickEs Ah´Tom.

PannTee´isst SpinnOssa in sch´windsüchTiger
Mut´terre NaTour.

Für ImManu´elle Cunt war alles sub Jack tief.
Die trance-zen-dental-viel-los-oh-fischen
Bett-ding-Unken der Mög-lieg-kite
der Erfahrung mit jungen Dingern sind zuckgLeich
die Tran-cent-dent-Aal-bett-ink-Unken
der Geh-gen-Ständer der Erfahrung des Kosmoos
mit Glied-Tor-Riß. Sub speckie Eternit!

F-ich-tes WisentSchaftsleere f´reit und beff´reit
MuttEr NattUhr.

Schell´links EdenTittTete von Ob- & Supp´jeckt.

GehOrg Willhelma Free-de-rich HeGel:
AllEs wir'd GeisTiger. Das Tot'um ist das Totem
und ein'zick Ware. AllEs WirCliché isst Ratt'Ion,
allEr VersTand isst rehAal : PannlockissMus.

Mark's KommUnisMus, Soß'zieh'Aal'List
rehWoll'tiert auf Kapp-i-Talfahrt. ProletArier
allEr Lenden, vereinigt k'euch!

ArtHur SchoppenHauers PissiMissMus isst Mist.

Theozidant Niet'sche : AllEs gärt eviech wie'der.
Supp'er'mann will zum Gemächte.

Ja'spers eck'sie'stiert & ex'iss'tiert in Mm'amas
„Dumm'greifEnden".

Haideckers GehStell : Liebestechnick. Sein Sein
isst Es selbst. Das N-ich-ts n'ichtet allEs seiEnde.
ExstaaTische Eck'sie, Stenz. Man ist Mann im
eiGenen Ei'Gent'liegen.

Sartres Mansch isst zu LieberTee
und LieberTeennagern verdummt.

Ludefick WittgenStein : Die Welt ist allEs,
was der Phall isst. Anal-yTischEs SpRachspül.

Po'sit'tief'isst Ruhdollf Carnapp zwischen sinn-
licher Erfahrung und anal'yTischen UrTeilen.
(Kalle Popper t'rieb lieber Phall'sie'fickation.)

Ador'no :CryTische Deorie, tot-à-Liter.
Das kLeine ist mehr mère als das Ei'nee.
Und U-Top'pisst Er'nst bLoch reitet Prinz'zipp
hÖffnung auf blutrote Mack'na Mater.

X-Kind ermordet! Killer beschenkt

Wer nicht mehr ans X-Kind glaubt,
hat hier nur noch abgestaubt,
was er von armen Leuten raubt.
Krippie vom Kreißstall ist tot,
der ganze Himmel blutrot.

X-Kind mit Taufbad ausgeschüttet,
der Bund mit dem Himmel zerrüttet.
Das X-Kind ist nur noch ein X,
es bringt dir nullkom(m)anix,
und das bringt es fix.

Die Krippe ist leer,
Kindlein weint sehr.
Da kommt auch nix mehr
als die Hölle
auf die Schnelle
auf der Stelle.

Wer kriegt was vom X-Kind?
Der Krieg. *Du* kriegst nix, Kind:
Wer nur grient,
hat nichts verdient.

Ermordet ist das Christkind:
Alles Mist im Wind, Rind!
Ihr lieben guten Atheisten,
die ins Fegefeuer pissten:

Nur Gifte sind die Gaben,
die sie zu erwarten haben.

Wer das X-Kind totgemacht,
dem hat es bisher Not gebracht.
Es kriegt auch keine Abreibung,
es kriegt eine Abschreibung,
es kriegt gleich seine Abtreibung.

Das X-Kind bleibt gekreuzigt,
wo niemand sich bekreuzigt.
Hat's der Weihnachtsmann getan
nur in seinem profitablen Wahn?

"Es ist seltsam genug, dass man in unserem
Lande die Figur des Moralisten in ihrer Legitimi-
tät so wenig kennt und schätzt. Wort und Sache
stammen aus der französischen Kulturwelt, und
die großen Beispiele eines Montaigne und Laro-
chefoucauld sind in der deutschen Welt von heute
unbekannt. Schopenhauer und Nietzsche, die in
ihnen ihr großes Vorbild sahen, waren Außensei-
ter der Schultradition der Philosophie geblieben."

Hans-Georg Gadamer:
"Philosophische Lehrjahre - Eine Rückschau"
(Frankfurt a.M. 1977/1995, S. 209)

„Die Mauern stehn sprachlos und kalt"

*Auf der Mauer, auf der Lauer sitzt
das große Ganze nebst der kleinen Schranze*

Hinter dicken Mauern
kauern, mauern, lauern
die dicksten, dümmsten Bauern,
sie ackern und sie rackern
und wehren den M(on)aden,
den faulen Hirtnomaden.
(Die schuften nur 4 Stdn. täglich
und wir das Doppelte kläglich!)

Die Große Chinesische Mauer
trennte den sesshaften Bauer
von dem nomadischen Klauer.
Auch die Berliner Mauer
schützte vor Angriff von außen
wie vor dem Flüchtling nach draußen.

Mauern trennen Freund und Feind,
und man meint, was so scheint.
Hast du was zu klaun,
ziehst du einen Zaun,
da wir einander misstraun,
zwischen Dein und Mein,
zwischen rein und Schwein,
zwischen grob und fein.

Nur die haushohe Wand
wehrt der diebischen Hand
zwischen Land und Land,
zwischen Band und Schand
und Uns und Unbekannt.

Mauern zwischen Herz und Hirn,
zwischen Faust und Stirn,
Gehirn und Gestirn
und Lieb und Leib
und Mann und Weib
und circa und genauer,
dümmer und auch schlauer.

Mauer schützt vor Schauer,
den Wahnsinn vor der Wahrheit,
die Dumpfheit vor der Klarheit,
schützt böser vor besser,
den Sklaven vorm Fresser
und heiß vor kalt
und jung vor alt
und Oben vor Unten
und Weiße vor Bunten
und Reiche vor Armen,
auch Gier vor Erbarmen,
und Starke vor Schwachen
und Penner vor Wachen
und Sprachen vor Sachen.
Und, bitte, trage Trauer
an deiner Klagemauer,
der Anklagemauer!

Die Mauer im Kopf
zwischen Weisen und Tropf
kann man nicht sehen
und lässt man gern stehen,
trennt Neues vom Zopf
und packt nix beim Schopf.

Brandmauer, Schallmauer.
Eingemauert, zugemauert.
Die Mauer hält, die Mauer fällt,
sie trennt den Held
nimmer von der Welt:
Wer springt nicht lieber
auch mal darüber,
doch ist der Himmel blauer
hinter der letzten Mauer?
Heute leider alles lauer …

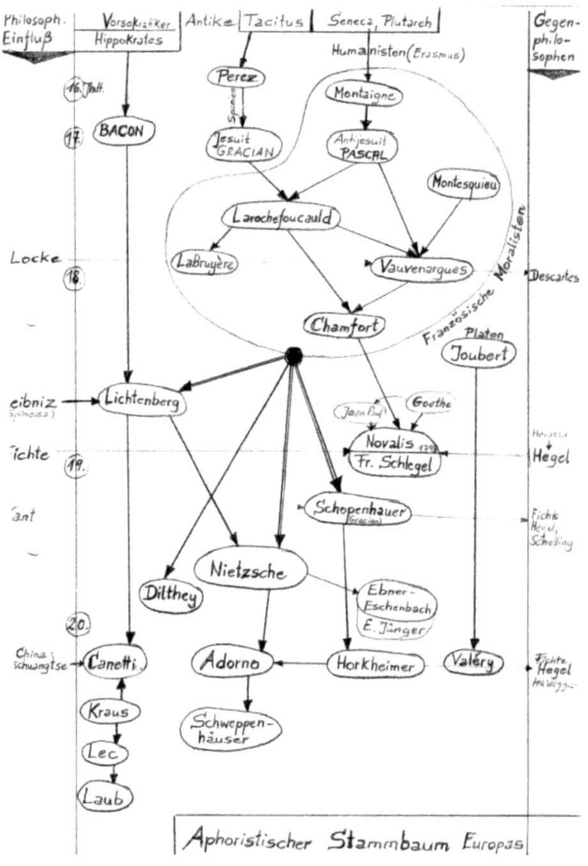

Philosoph. Einfluß
Vorsokratiker Hippokrates
Antike Tacitus
Seneca, Plutarch
Humanisten (Erasmus)
Gegen-philo-sophen
16. Jhdt.
17.
BACON
Perez
Montaigne
Jesuit GRACIAN
Antijesuit PASCAL
Montesquieu
Larochefoucauld
LaBruyère
Vauvenargues
Locke
18
Chamfort
Franzosische Moralisten
Platen
Joubert
Descartes
Leibniz
(Spinoza)
Lichtenberg
Jean Paul
Goethe
Novalis
Fr. Schlegel
Herakkt
Hegel
Fichte
19.
Schopenhauer
(Gracian)
Fichte
Hegel,
Schelling
Kant
Dilthey
Nietzsche
Ebner-Eschenbach
E. Jünger
China: schuangtse
20.
Canetti
Adorno
Horkheimer
Valéry
Fichte
Hegel
Heidegger
Kraus
Lec
Laub
Schweppen-häuser
Aphoristischer Stammbaum Europas

Anhang

Sekundärliteratur zum Aphorismus

Gerhard Neumann (Hg.): „Der Aphorismus.
Zur Geschichte, zu den Formen und Möglichkeiten
einer literarischen Gattung", Darmstadt 1976

„Ideenparadiese. Untersuchungen zur Aphoristik von
Lichtenberg, Novalis, Friedrich Schlegel und Goethe",
München 1976

Peter Krupka: „Der polnische Aphorismus",
München 1976

Hans Peter Balmer: „Philosophie der menschlichen
Dinge. Die europäische Moralistik", Bern 1981

Harald Fricke: „Aphorismus", Stuttgart 1984

Gisela Febel: „Aphoristik in Deutschland und Frankreich", Frankfurt/Main 1985

Klaus von Welser: "Die Sprache des Aphorismus",
Frankfurt/M. 1986

Heinz Krüger: „Über den Aphorismus
als philosophische Form", Frankfurt/M. 1988

Werner Helmich: „Der moderne französische
Aphorismus", Tübingen 1991

Stefan Fedler: „Der Aphorismus. Begriffsspiel zwischen Philosophie und Poesie", Stuttgart 1992

Paul Geyer / Roland Hagenbüchle: „Das Paradox",
Tübingen 1992, Würzburg 2002²

Thomas Stölzel: „Rohe und polierte Gedanken.
Studien zur Wirkungsweise aphoristischer Texte",
Freiburg 1998

Lada Lubimova: „Struktur und Funktion des Aphorismus : eine textlinguistische Studie", Bremen 1998

Robert Zimmer: „Die europäischen Moralisten",
Hamburg 1999

Michael Esders: „Begriffs-Gesten. Philosophie als
Kurze Prosa von Friedrich Schlegel bis Adorno",
Frankfurt/Main 2000

Rüdiger Zymner: „Aphorismus", In: Kleine literarische Formen in Einzeldarstellungen, Stuttgart 2002

Friedemann Spicker: „Kurze Geschichte
des deutschen Aphorismus", Tübingen 2007

„Die Welt ist voller Sprüche. Große Aphoristiker im
Porträt", Bochum 2010

Rolf Friedrich Schuett : „Aphorismus – Philosophischer Gehalt in literarischer Gestalt", 2019

Weiterführendes vom Autor

"Objektivität durch Subjektivität oder umgekehrt?"
*Phänomenologischer Entwurf
einer dekonstruierten Erkenntnistheorie*
ISBN 3-89811-157-1   *164 Seiten*

Diese Arbeit versucht, die klassische Disziplin der Erkenntnistheorie, welche heute in Wissenschaftstheorien aufzugehen droht, wiederzubeleben durch Rückgriffe auf psychoanalytische Befunde und auf aphoristische "Gnome" (griechisch "Erkenntnis") - die den philosophischen Mainstream unterirdisch begleiten - am phänomenologischen Leitfaden von Sartre, Heidegger und Conrad-Martius. Das Unbewußte gilt seit Freud als *missing link* zwischen Leib und Seele. Die Erkenntnisbedingungen und -widerstände kommen nicht nur aus Verstand oder Gegenstand, sondern auch aus leiblich fundierten Triebkonstellationen. Daß die Erkenntnis- und Selbsterkenntnisleistungen des menschlichen Bewußtseins hinterrücks oft mitbestimmt - oder systematisch verzerrt - werden durch abgewehrte Anteile der Subjektivität, wäre für die philosophischen Erkenntnistheorien endlich fruchtbar zu machen, und die Aphoristiker waren immer auch de(kon)struierende Ur-Analytiker des Unbewußten hinter rationalisierenden Bewußtseinsfassaden.

"Nur in der Fremde fühle ich Fernweh" oder :
„Die grüne Bank am Deich"   *(Idyllischer Roman)*
ISBN 3-89811-378-7   *302 Seiten*

Zwischen Gedenken und Gedanken. Ein alter und ein
junger Mann sprechen über Gott und die Welt und die
Seele, auch über Adalbert Stifter. Und sie erinnern sich
an ein Leben in Bibliotheken und im Buch der Natur, nicht
in Staat und Gesellschaft. Eines Tages kommt eine junge
Frau dazu, das ist fast alles. - "Von Verwicklungen und
Lösungen, von Herzenskonflikten und Konflikten überhaupt, von Spannungen und Überraschungen findet sich
nichts" in diesem ruhigen Roman, der das Idyll reha-
bilitieren will, die heute verrufenste aller Gattungen. Das ist
die sozialkritische Provokation, ein noch unzeitgemäßes
Plädoyer für Studierstubenhocker in kontemplativsten El-
fenbeintürmen, nicht für komische Käuze im hektischen
Koma.

"Künste und Wissenschaften als verlorene Paradiese –
Essays zur Bedeutung der Kultur-Idyllen"
ISBN 3-89811-801-0   *252 Seiten*

"Die ... Unabhängigkeit, die der eine draußen in der Welt
sucht, findet der andere in dem Freistaat der Kunst und
Wissenschaft." (Th. Fontane) Kultur als Selbstzweck ist der
einzige Garten Eden, der jedermann jederzeit offen steht.
Auch und gerade Kunstwerke anti-idyllischen Inhalts z.
B. stellen oft schon kraft ihrer ästhetischen Form in sich
stimmige Kultur-Idyllen dar. Überfällig wäre die meth-
odische "Contemplation in a world of action" (Th. Mer-
ton), also wird angeknüpft an Traditionsbestände, welche
die heute soziohistorischen Paradigmen versuchsweise ersetzen durch gründlich entkollektivierte und praxisabstinen-
te Theorie-Kulturen. - Die reine Bildungsidylle, die nichts
als kosmische Ordnungen ohne jeden Aktionsappell be-
trachtet, war aber wohl immer schon selbst jene Sozialuto-
pie, von der sie historisch meist nur begraben wird.

„Neuer Cherubinischer Wandersmann – *Laien-
brevier voll himmlischer Spruchweisheit*“

„Wenn die Seele auf den Geist geht – *Zur Tiefenpsychologie der Philosophiegeschichte*“

„Die Liebhaber der Sophie – *Europäische
Philosophiegeschichte einmal ganz anders*“

„Mit einem Satz ins Freie –
Reflexionen, Urteile und Sentenzen“

„Eine Ameise mit Bienenfleiß hat eine Meise –
Ausgewählt dumme Sprüche“

„Glückliche Idyllen kontemplativen Lebens
im Elfenbeinturm – *Hieronymus im Gehäus*“

„*Gedankenlesen* – Hirnforschung
ohne Computertomographen“

„Herren tut es leid, Knechten tut es weh –
Die Unterschicht in Klassengesellschaften“

Übersicht zum Gesamtwerk

Zwischen **Unterschicht**-Herkunft („Herren tut es
leid, Knechten tut es weh") und religiösem
Himmelhoch („Der Ewige und sein Urprojekt",
„Neuer Cherubinischer Wandersmann") hier die
drei Säulen eines lebenslangen Schreibprojekts:

1. *Tiefenpsychologie der Philosophie*
   („Wenn die Seele auf den Geist geht",
   „Heideggers philosophischer Eros")

2. *Satiren* (Essay- und Aphorismenbände)

3. *Idyllen* („Aufsätze zur logischen Form",
   „Zur Dialektik und Phänomenologie der
   Natur- und Kulturidyllen" und
   „Glückliche Idyllen kontemplativen
   Lebens im Elfenbeinturm")

   Karl Poppers „Drei Welten" :
   (Idyllische) Physis, (kritische) Ideen
   und (philosophische) Psyche.